これからの保育のための

ICTリテラシー&メディア入門

Word Excel Power Point 動画編集

渡邉 裕 編

JN122883

みらい

執筆者一覧

編者

渡邉　裕（埼玉東萌短期大学）

執筆者

（五十音順）

浅田　瞳（京都文教大学）　　　　　　　　　　　　　　　　　リテラシー編

上原　隆司（名古屋短期大学）　　　　　　　　　　　　　　　Word編

森　大樹（大阪千代田短期大学）　　　　　　　　　　　　　　PowerPoint編

谷口　真嗣（常葉大学短期大学部）　　　　　　　　　　　　　Excel編

渡邉　裕（同　上）　　　　　　　　　　　　　　　　　　　　総合編

はじめに

　現在、保育者養成校に入学してくる学生のほとんどはパソコン（PC）の操作を経験しており、日常の生活においても多くの学生がスマートフォン等の携帯端末を利用しています。ところが学生たちにアンケートをしてみると、「PCの操作は得意だと思う」という学生はかなり少なく、逆に「PCを使ったことはあるがよく分からない」という学生が多いことがわかります。保育者養成校の学生たちがPCの授業で望んでいることは、専門的で難解な知識や技術を学ぶことではなく、むしろ基礎的で汎用性のある技術をじっくりと学んだ上で、保育や幼児教育の現場に就職した際にPC等のスキルを実践的に活用できるようになることではないでしょうか。通常、PC操作に関する書籍は情報処理の専門家が執筆するケースが多く、保育者養成校で学ぶ学生のために保育現場での活用事例等を積極的に取り入れたテキストは非常に少ないのが現状です。

　本書を執筆しているのは、幼稚園教諭養成課程や保育士養成課程を有する短期大学等において、専任の教員として日々学生たちの指導にあたっている先生方です。学生たちに必要なICTリテラシーがどのようなものであり、またPCの授業において学生たちがどこでつまずきやすいのかも熟知されています。

　保育者を目指す学生たちの中には、PCの操作は苦手であってもデザインや色彩等の感性に優れ、子どもたち向けに工夫を凝らした作品を制作するのが得意な学生も多くいます。そうした学生たちのやる気を高めるためにも、本書ではお手本となる資料を保育や幼児教育の現場でも実践的に活用できるものとし、デザインやレイアウト等の工夫にも配慮しました。

　また、Word編、Excel編、PowerPoint編、総合編では、1つのテーマを「基礎」と「発展」に分けてページを構成し、操作画面と解説とが対応するように工夫をしました。さらに演習課題については完成イメージをQRコードで読み取ることで、スマートフォン等の端末から確認しながら制作することができるようにしています。

これから保育者が活躍する現場では、教職員のICTリテラシーがますます重要になることでしょう。本書が保育者養成校におけるPC操作の授業のみならず、ゼミナールやリテラシー、スタディスキル等の授業のほか、保育や幼児教育に関わる方々に幅広く活用されることを願っております。

本書の出版にあたり、貴重な写真や映像等の資料をご提供いただいた関係者の皆さまをはじめ、株式会社みらい企画編集課の三浦敬太さん他の皆さまに、この場を借りて厚く御礼申し上げます。

2022年　2月　　　　　　　　　　　　　　　　　　　　　　　　　　　　　渡邉　裕

目次

はじめに
本書の使い方

リテラシー編

PC操作編

PC操作の基本　34

Word編

Wordの基本と特徴　40

Excel編

PowerPoint編

PowerPointの基本と特徴　144

テーマ
3　図・イラスト・表の配置やレイアウト

テーマ
4　写真や動画のスライドショーの作り方

総合編

◆免責

　本書で取り扱うOSはWindows10またはWindows11を想定して編集しています。

　Word、Excel、PowerPointに関する内容については、Office365・Office2019を基準に作成しています。動画編集に関する内容の一部については、Premiere Proを用いて作成しています。ソフトウェアに関する記述は、特に断りのない場合、2021年10月現在のバージョンをもとにしております。ソフトのバージョンアップに伴い、ボタンの形状、サイズ等についてはお使いの環境・バージョンによって異なる場合があります。

　本書では一部に「かわいいフリー素材集いらすとや」(https://www.irasutoya.com)のイラストを一部使用しています。

◆商標等について

・Microsoft、Word、Excel、PowerPointは米国Microsoft Corporationの米国およびその他の国における登録商標または商標です。

・Adobe Premiere ProはAdobe Systems Incorporated（アドビシステムズ社）の米国およびその他の国における登録商標または商標です。

・その他、記載されている会社及び製品などの名称は、各社の登録商標または商標です。

・文中では、TM、®は省略しています。

・本文中のスクリーンショットは、マイクロソフトの許諾を得て使用しています。

本書の使い方

本書では、ICTリテラシーと、保育現場で活用できる基本的な書類等の作り方や動画編集の基礎を学ぶことができます。

リ テラシー編

実習や保育現場で実際に直面する事例を中心に、ICTリテラシーを学ぶことができます。事例と解説は基本的に見開きで構成しています。

「解説のポイント」では事例を通して考えたいポイントをまとめています。

「考えてみよう！」では、身の回りのリテラシーについて、考えを深めてみましょう。

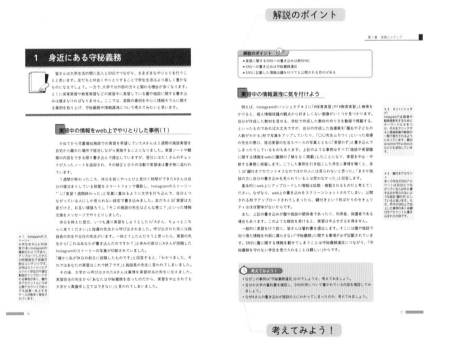

解説のポイント

考えてみよう！

PC操作編

パソコン（PC）の操作について、基本的な内容を解説しています。お使いの環境で実際に操作し、PC操作に慣れてみましょう。

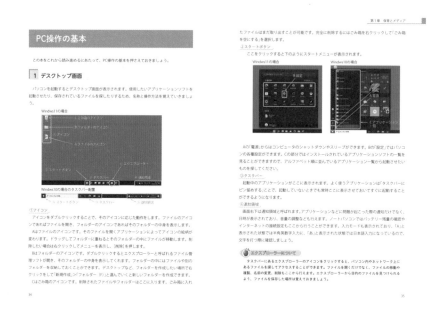

Word編・Excel編・PowerPoint編

各編の最初には、使用するソフトの「基本と特徴」を解説しています。

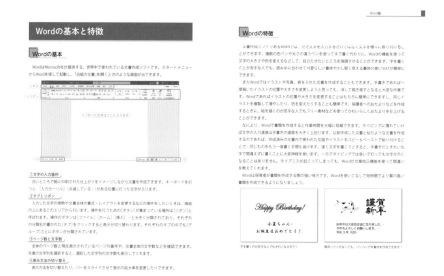

「基本と特徴」の次のページからは、4つのテーマを基礎・発展に分けて解説しています。基礎・発展のそれぞれに「お手本」が掲載されていますので、まずはお手本を確認し、操作手順を学んでいきましょう。

テーマに取り組むにあたり、「3つのポイント」を意識すると、より学びを深めることができます。

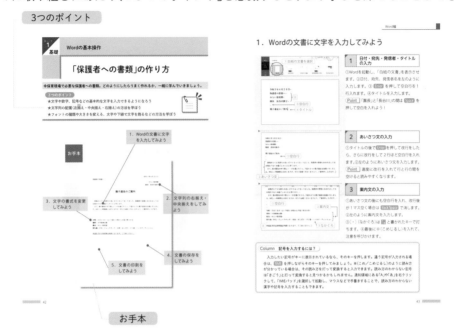

・素材について

お手本のページに W E のアイコンがある場合は、素材を用意しています。弊社ホームページ「書籍サポート（https://www.mirai-inc.jp/support/support.html）の「演習・実習書ワークシート等ダウンロード」の項目からダウンロードが可能です。

なお、素材の再配布・再アップロード等につきましてはご遠慮ください。

・演習課題について

Word編、Excel編、PowerPoint編の最後に、演習課題を設けています。右側のQRコードを読み込むとお手本が表示されますので、参考にして課題を作成してみましょう。

① 縦書きで賞状を作ってみよう
　完成例を参考に縦書きの表彰状を作ってみよう。
・フォントはHPG創英角ポップ体にして、フォントのサイズを変えて強弱を付けます。
・行頭を揃えたいところはTabで調整します。
・1ページにちょうど収まるように、ページレイアウトから行数を調整し、最後に華やかなページ罫線を付けます。

また、一部の演習課題では素材を準備しています（素材あり）。素材は「・素材について」同様、弊社ホームページからダウンロードいただき、ご使用ください。

総合編

WordとExcelの機能を統合した差し込み印刷と、本格的な動画の撮影や編集、SNSへのアップロード方法について解説しています。Word編・Excel編・PowerPoint編と同様、お手本を参考にしながら、学んでいきましょう。

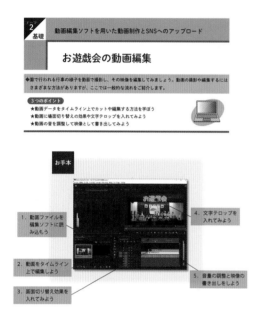

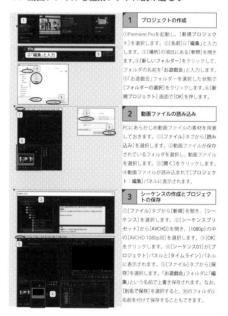

1. 動画ファイルを編集ソフトに読み込もう

1 プロジェクトの作成

①Premiere Proを起動し、[新規プロジェクト]を選択します。②[名前]に「編集」と入力します。③[場所]の項目にある[参照]を開きます。④[新しいフォルダー]をクリックして、フォルダの名前を「お遊戯会」と入力します。⑤「お遊戯会」フォルダーを選択した状態で[フォルダーの選択]をクリックします。⑥[新規プロジェクト]画面で[OK]を押します。

2 動画ファイルの読み込み

PCにあらかじめ動画ファイルの素材を用意しておきます。①[ファイル]タブから[読み込み]を選択します。②動画ファイルが保存されているフォルダを選択し、動画ファイルを選択します。③[開く]をクリックします。④動画ファイルが読み込まれて[プロジェクト：編集]パネルに表示されます。

3 シーケンスの作成とプロジェクトの保存

①[ファイル]タブから[新規]を開き、[シーケンス]を選択します。②[シーケンスプリセット]から[AVCHD]を開き、[1080p]の中の[AVCHD 1080p30]を選択します。③[OK]をクリックします。④[シーケンス01]が[プロジェクト]パネルと[タイムライン]パネルに表示されます。⑤[ファイル]タブから[保存]を選択します。「お遊戯会」フォルダに「編集」という名前で上書き保存されます。なお、[別名で保存]を選択すると、別のフォルダに名前を付けて保存することもできます。

リテラシー編

1 身近にある守秘義務

皆さんは大学生活の間に友人とSNSでつながり、さまざまなやりとりを行うことと思います。友だちと仲良くやりとりすることで学生生活はより楽しく豊かなものになるでしょう。一方で、大学では外部の方々と関わる機会が多くなります。とくに保育実習や教育実習などの実習中に実習している園や施設に関する書き込みは慎まなければなりません。ここでは、実際の事例を中心に情報モラルに関する事例を取り上げ、守秘義務や情報漏洩について考えてみたいと思います。

実習中の情報をweb上でやりとりした事例(1)

かねてから児童福祉施設での実習を希望していたAさんは2週間の施設実習を自宅から離れた場所で宿泊しながら実施することになりました。実習ノートや観察の内容をできる限り書き込んで提出していますが、翌日にはたくさんのチェックが入ったノートを返却され、その修正と日々の活動で実習後は書き物に追われています。

1週間が終わったころ、休日を前にやっとひと息つく時間ができたAさんは自分の寝泊まりしている部屋をスマートフォンで撮影し、Instagramのストーリー*¹に「実習1週間終わった」と写真に重ねるように文字を打ち込んで、自分とつながっている人にしか見られない設定で書き込みました。友だちとは「実習は大変だけど、お互い頑張ろう」、「そこの施設の先生はどんな感じ?」といった情報交換をメッセージでやりとりしました。

休日を終えた翌日、いつも通り実習をしようとしたら「Aさん、ちょっとこちらに来てください」と指導の先生から呼び出されました。呼び出された先には施設長の先生や主任の先生がいます。一体どうしたんだろうと思ったら、実習の先生から「これはあなたが書き込んだのですか?」と休みの前日にAさんが投稿したInstagramのストーリーの写真が印刷されていました。

「確かに私が休日の前日に投稿したものです」と回答すると、「わかりました、それではあなたの実習はこれで終了です」と施設長の先生に言われてしまいました。

その後、大学から呼び出されたAさんは事情を実習担当の先生に伝えました。実習担当の先生から「あなたは守秘義務を怠ったのだから、実習を中止されても大学から異議申し立てはできない」と言われてしまいました。

*1　Instagramのストーリー
大学生を中心に利用者の多いInstagramの機能のひとつであり、アップロードしてから24時間限定で視聴可能なコンテンツです。近年はストーリーにアルバイト学生の不適切動画がアップロードされる事例が多く、鍵付きアカウントという非公開アカウントであっても拡散・炎上するケースが数多く報告されています。

実習中の情報漏えいに気を付けよう

例えば、Instagramのハッシュタグ[*2]に「#保育実習」や「#教育実習」と検索をかけると、個人情報保護の観点から好ましくない画像がいくつか見つかります。自分が作成した教材を見せる、学校で作成した教材の作り方を動画で掲載する、といったものであれば大丈夫ですが、自分の作成した指導案を「園名や子どもの人数がわかる」形で写真をアップしていたり、「○○先生ムカつく」といった指導の先生の悪口、宿泊実習の生活スペースの写真とともに「実習わず」と書き込んでしまったりしているものもあります。上記のような事例はすべて「施設や実習園に関する情報をwebに園側の了解もなく掲載」したことになり、実習を中止・中断する事態に発展します。こうした事例を引き起こした学生に事情を聴くと、多くは「鍵付きアカウント[*3]なのでほかの人には見られないと思った」「まさか施設の方に自分の書き込みを見られているとは思わなかった」と回答します。

基本的にweb上にアップロードした情報は拡散・複製されるものだと考えてください。なぜなら、web上の書き込みをスクリーンショットされてしまい、公開される形でアップロードされてしまったら、鍵付きという形ばかりのセキュリティはほぼ意味がないからです。

また、上記の書き込みが園や施設の関係者であったり、利用者、保護者の目にふれる場合もあります。このような報告を受けると、実習は中止せざるを得ません。

一般的に実習を行う前に、皆さんは誓約書を提出します。そこには園や施設で知り得た情報を外部に漏らさない「守秘義務」に関する事項が必ず記載されています。SNSに園に関する情報を載せてしまうことは守秘義務違反につながり、「守秘義務を守れない学生を受け入れることは難しい」と判断されてしまいます。

[*2] #（ハッシュタグ）
Instagramでは画像や動画検索をするためにキーワードに#をつけ、それをクリックすると関連画像や動画が一覧で表示されるようになっています。最近はtwitterやFacebookなどにも波及しています。

[*3] 鍵付きアカウント
多くの学生のSNSアカウントは自分とつながっている人以外に書き込みが見られないような設定（鍵付き）にしていると思います。ただ、昨今のSNS上で炎上した事例の多くは鍵付きアカウントに書き込まれた内容です。

考えてみよう！

・なぜこの事例は「守秘義務違反」なのでしょうか、考えてみましょう。

・自分の大学の誓約書を確認し、SNS利用について書かれている内容を確認してみましょう。

・なぜAさんの書き込みが施設の人にわかってしまったのか、考えてみましょう。

2　身近にある情報漏えい

実習中に出会った保護者の方に対して、電話番号やSNSのID交換、学外での個人的なやりとりなど、何かあったときには実習の取り消しにつながる事例となります。ここでは、実習中にまつわる情報漏えいの事例を考えてみましょう。

実習中の情報をweb上でやりとりした事例（2）

　Bさんは家の近くにあるC幼稚園で4週間の幼稚園実習をする予定です。そこには何人か自分の友だちの子どもが通っている幼稚園で、保護者は友だちです。

　Bさんが実習期間中に子どもたちの降園を観察していると、友だちが子どもを迎えにC幼稚園にやってきました。友だちはBさんを見て「Bちゃん、教育実習でC幼稚園に来たの？」とびっくりされました。「うん、しっかり頑張るからよろしくお願いします」と少しだけ話をしました。

　実習後に家に着くと、さっき話をした友だちからLINEが届いていました。「Bちゃん、C幼稚園に来てくれたならお願いがあるの。実習の間の空いている時間でいいから私の子どもがC園で遊んでいる写真が欲しい。LINEで送ってもらってもいいかな？」と書かれています。Dさんの子どもはBさんの担当するクラスとは別のクラスです。Bさんは「私の担当するクラスじゃないからそんなにたくさん撮れないけど、気にしておくわ」と回答しました。

　次の日、Bさんが休み時間に担当するクラスの子どもと遊んでいたら「遊んでー」とDさんの子どもがやってきました。Bさんは「みんなで一緒に遊ぼうね」と声をかけながら、Dさんから頼まれていた写真を自分の担当している子どもと一緒に何枚か撮影しました。実習が終わった後に、「今日遊んでいた写真を送るね」とDさんに送信しました。Dさんからは「ありがとう！ うちの子どもの写真が増えて助かる」とお礼を言われました。

　しかし、実習が終わるころに園長先生から「B先生、少し聞きたいことがあります」と呼び出されました。職員室に行くと、あるウェブサイトが話題になりました。よくみると、それはDさんのSNSのようです。そこに、Bさんが先日写真を撮ったあの場面がアップロードされていたのです。

誰であっても園内での情報を渡さない

　保育・幼児教育の場合、個人的なやりとりが自分と顔見知りの保護者との間で行われるときもあります。たまたま実習先に知り合いがいたというのは不可抗力ですが、あまりに親密なやりとりをすることは避けたほうが賢明です。「今は実習中なので」と言ってやりすごしましょう。

　今回の事例は実習先の保護者との親密なやりとりをしてしまったこと、実習園で遊ぶ子どもたちをスマートフォンで撮影したこと、それを保護者に送ってしまったこと、保護者がその写真をSNS上で全体公開してしまったこと、すべてが個人情報保護の観点から指導が入る事例です。

　保護者が子どもたちの個人情報を他意なくさらしてしまう事例は数多く報告されています。その背景には遠方であり、特に最近ではコロナ禍によって直接会う機会が持ちにくい祖父母に対して、孫の写真を気軽に見られるようにしたいという親の配慮があります。しかし、SNSは誰でも気軽に見ることができてしまうということは、子どもたちを誘拐したい、子どもたちと関わりたいという一部の（あまり好ましくない）大人にも情報を与えることになります。

　また、実習中の子どもたちの姿を実習生が撮影することは認められていません。例えば幼稚園や保育園のホームページ（HP）には子どもたちの姿が記載されているので、「別に実習生が写真を撮影してもいいじゃないか」と思う人もいるかもしれません。しかし、HP上に子どもの写真を掲載する場合、必ず園側は保護者に「私たちの園のHPにお子さんをこのような形で掲載したいのだが、大丈夫ですか」と了承を得ています[4]。また、園側もどうしても子どもの顔が見えなければ不自然な構図を除き、できるだけ子どもの顔がわからないような写真を多く掲載しています。これらもすべて子どもたちの安全を守る取り組みなのです。

＊4　肖像権
肖像権は容姿や自分の見た目を勝手に撮影・公表されない権利です。個人の写真・画像を不特定多数のメディア（TV、雑誌、SNSなど）に掲載するときには必ず本人の了承を得なければなりません。それは園のホームページであっても同様です。

考えてみよう！

- この事例で何がよくなかったのか、考えてみましょう。
- 自分の知り合いが実習先にいた場合、何に気をつければいいのか考えてみましょう。

SNSに関するトラブルは皆さんのように学生が引き起こすだけではありません。ここでは、園で実際に起こった事例からSNSでの保護者対象について考えてみたいと思います。

保護者間でのSNSに関するトラブル

EさんはF保育園の園長先生をしています。

F保育園では毎年5歳児クラスの子どもたちにお別れ会をしています。子どもたちがどんな発表をするのか、保育士だけではなく子どもたちも一緒になってお別れ会に向けていろいろな準備を進めています。

ところが、お別れ会が迫ったある日、5歳児クラスのGくんがインフルエンザになってしまいました。幸いにして熱はそこまで高くなく、症状は軽症でした。しかし、お別れ会が開催されるのはGくんがインフルエンザを発症して5日目になります。インフルエンザは発症して5日間出席停止となるため、このままではGくんはお別れ会に参加することができません。そこでGくんの保護者からEさんに電話がありました。「本来なら休まなければならないことは重々承知しているんですが、Gもとても楽しみにしていました。お別れ会に参加することはできないでしょうか」という相談でした。

Eさんは5歳児クラスの担任と相談し、「Gくんにはマスクをつけてもらい、ほかの子たちと距離を取りながら感染対策を万全にして参加してもらう」ことにしました。そこでEさんは5歳児クラスの保護者全員にお別れ会前に「インフルエンザ5日目だけど、Gくんを参加させてもいいでしょうか」と電話やメールなどで確認を取りました。結果として全ての保護者から了解を得てGくんは無事にお別れ会に参加することができたのです。

ところが、お別れ会の翌日に3歳児の保護者から苦情の電話が入ってきました。「F保育園でインフルエンザの子どもを通わせているという話を聞きました。園の環境はどうなっているのですか」と言われたのです。Eさんは「先日5歳児のお別れ会にインフルエンザが発症して5日目の幼児が参加しましたが、ほかのクラスの子どもとは関わっていませんし、5歳児の保護者の皆様にはご了解いただいております」と説明しましたが、保護者は納得しませんでした。「なぜ5歳児にインフルエンザの幼児がいると知っているのですか」と尋ねると、「保護者のグループLINEはお別れ会のことがたくさん書かれていますよ」と回答されたのです。

今回の事例のように、最近の幼児教育におけるSNSのトラブルは学生だけではなく、保護者間で発生することがあります。みなさんは幼児教育の現場では「若い先生」なので、こうしたSNSに関することを同僚の先生や管理職の方に質問される機会も多いことでしょう。今のうちにそういった事例に触れておきましょう。

- 保護者とのささいなやりとりもSNSに書き込まれることを念頭に
- グループLINEなどのツールは便利さと危うさが共存
- 保護者の方にSNSの使い方を話す機会が必要となる

井戸端会議からグループLINEへ 「うわさ話」の舞台の変化

　保育・幼児教育の現場で保育者が悩んでいることの一つが今回の事例のような保護者間のSNSのやりとりです。皆さんの情報リテラシーというよりは、勤務する園での保護者の情報リテラシーです。

　園にわが子を通わせる保護者の世代は幅広いです。10歳代に妊娠・出産を経験した若い夫婦から、両親が共働き家庭でお迎えに来るのはもっぱら祖父母ばかりというケースまで、「年齢」と区分けで見れば、皆さんがこれまで関わってきたことのない世代に関わることがあり得るのです。皆さんの世代（デジタル・ネイティブ*5）と比べ、デジタル機器やインターネットの捉え方もさまざまでしょう。

　また、SNSが便利なのは皆さん若者に限ったことではありません。例えば園でも積極的にインターネットを活用して保育の情報共有に役立てようとする動きがあるのも事実です。保護者が自分の子どものクラスの保護者とのつながりのために「ママ友」のグループLINEを作成しています。

　こうした時代の流れに逆らうことは難しいです。しかし、園が良かれと思って取った行動が、思わぬ反応を受けるということを近年たびたび耳にします。今回の事例はその典型例と言えるでしょう。

　現場は往々にして「臨機応変な対応」を求められます。事例のEさんの行動は、担任との話し合い、保護者との話し合いと了承という保育者として必要な対応をされています。しかし、SNSでの書き込みは「インフルエンザが完治していない子どもを園に連れてきた」という文字情報だけが広がり、その後の対応に苦慮するのです。

　こう考えると、皆さんが現場に立つ時、保護者へどのようなメッセージ（情報）を伝えるかが大切といえるでしょう。

*5　デジタル・ネイティブ
生まれた時からデジタル機器が身の回りにあり、それを使いながら大人になった世代。これに対して、年配世代を中心に大人になってからデジタル機器に触れた人たちのことは「デジタル・イミグランド（デジタル移民）」と呼びます。

考えてみよう！

- この事例で何がよくなかったのか、考えてみましょう。
- あなたがEさんとして、園としてどんな対応が必要か、考えてみましょう。

4　データの紛失

皆さんは授業のレポートなどを作成するときにどこにそのデータを保存していますか？　情報の授業ではUSBメモリーに保存することが多いと思いますが、取り扱いには注意が必要になります。

子どもたちの記録を紛失してしまった！？

　ZさんはY幼稚園で10年以上勤務しているベテランの先生です。Y幼稚園のすべてのクラスの子どもたちのことを把握しており、担任の先生に代わって保護者対応することも少なくありません。最近は子どもたちの様子をすべて覚えることが難しくなってきたため、できるだけパソコンで子どもたちの記録を残すようにしています。

　夏休み前のある日の夕方、5歳児クラスの担任の先生から「子どもたちの所見欄がこれでいいか、確認をしていただいてもいいでしょうか」とお願いされました。Zさんは了承し、5歳児クラスの子どもたちの所見を確認しようとしました。ところが急用ができてしまい、Zさんはすぐに帰宅しないといけなくなりました。「このままでは所見欄が確認できないから、5歳児さんの記録のデータを持ち帰って家で確認しよう」と思ったZさんは5歳児さんの所見欄と自分が書き溜めていた5歳児さんの記録をUSBメモリーに保存し、帰宅しました。家に帰り、用事を済ませ、5歳児さんの記録から所見欄の確認もできました。

　翌日、Zさんは持って帰ってきたUSBメモリーと所見欄の用紙を鞄に入れて出勤しようとしました。ところが、自転車にいれていたカバンをひったくられてしまったのです。財布はもちろん、子どもたちの記録がすべて保存されているUSBや5歳児さんの所見欄もそのカバンの中に入っています。氏名や幼稚園名が一緒に入力されていますので、園のことを知っている人が見れば、誰の事について書かれているのか、一目瞭然です。Zさんは警察に事情を話しながら途方に暮れてしまいました。

解説のポイント

- ●子どもたちの情報が記載されたものは原則として園外に持ち出さない
- ●実習記録でも子どもたちの名前はイニシャルで記載すること

残業に伴うデータ紛失

　保育・幼児教育の現場では少ないのですが、小学校以降で問題となっているのが子どもたちの個人情報の漏えいです。それは先生方の仕事が学校内で完結しないため、自宅で残業しようとしたときに発生するケースが多いです。先生方の善意が裏目に出てしまったと言ってもいいでしょう。しかし、教育現場のICT化が進む昨今において、保育・幼児教育の現場でいつ発生してもおかしくありません。なぜなら、園や保育所では子どもたち一人ひとりの記録を取る機会が小学校に比べて多く、それを園の保育者間で情報共有しようとすればデジタルにする方がずっと効率的だからです。

　また、ICT化が進んでいないからこそ、子どもたちの情報の持ち出しに関するルールを設けている園の方が少なく、今回の事例のように保育者が子どもたちの記録を丁寧にしようとすれば、職場の外に持ち出すことも十分考えられるのです。とくに、近年はさまざまな職域で残業を減らそうという機運が高まっており、残業が多い保育・幼児教育の現場もなるべく保育者に早く帰ってもらおうとしますが、しなければならない仕事を持ち帰っている保育者は少なくありません。

　今回のようなケースは特殊かもしれませんが、たとえばUSBメモリーが入ったケースをなくしてしまう、子どもたちの記録データの入ったカバンが置き引きに遭う、誰でも閲覧可能なクラウドサービス*6に子どもたちの記録を保存してしまう、これらはすべて個人情報流出の危険性があるのです。

> ⏱ **考えてみよう！**
>
> - この事例で何がよくなかったのか、考えてみましょう。
> - あなたが園の責任者なら、保育者のデータ紛失を防ぐために、どんなルールを設けますか、考えてみましょう。

＊6　クラウドサービス
GoogleドライブやWindowsのOneDriveなど、ネット上に自分のデータを保存できるサービスなどを総称してクラウドサービスと言います。
ネットにつながっている機器からデータを取り出せるという利点がありますが、セキュリティ面の課題が指摘されています。

5 著作権

インターネットが身近なものになったことと引き換えに、運用が難しくなっているのが著作権です。園で活用するとき、どんなことに気を付けなければならないのか、考えてみましょう。

子どもたちの好きなキャラクターを使うときには

社会の情報化が進むことで、著作権法は毎年改正されています。現時点では学校教育の場は比較的利用に制限されているものは少ないですが、きちんと理解を深めておきましょう。
学校教育と著作権
（https://www.cric.or.jp/qa/cs01/index.html 2021年8月15日確認）

　Xこども園では秋になると運動会が行われます。子どもたちは0歳児から5歳児まで幅広い年齢がいますので、子どもたちの運動会に対する関心や興味はさまざまです。

　今年も先生方からさまざまなアイディアが出てきたので、それをもとに運動会を進めていきます。4歳児の担任をしているW先生が「私のクラスの子どもたちが「今年大ヒットした映画のキャラクターを使って何かをしたい」と言ってきました。私は絵を描くのが得意なので、そのキャラクターの看板を作成して、子どもたちにはキャラになりきった演技をしてもらおうと考えています」とのことでした。園長先生もW先生の絵が上手なことはよく知っていたので、「それはいいですね、子どもたちも喜んでくれるでしょうから頑張ってください」と激励しました。運動会前日まで、W先生は子どもたちが帰ったあと、コツコツと絵を描いていました。

　運動会当日、W先生の描いたキャラは子どもたちに大評判で「先生すごい！どうやってこんなに上手に描いたの？」とほかのクラスの子どもたちもW先生のもとにやってきます。W先生の描いた看板は運動会当日だけ展示し、運動会が終われば破棄する予定でした。

　しかし、子どもたちから「多目的室に置いてほしい」という要望が多かったため、Xこども園の多目的室に飾ることにしたのです。子どもたちはとても絵を気に入っているのですが、W先生は少し気がかりでした。「運動会が終わった後でも私の絵を飾ってもいいのだろうか？」

解説のポイント

- 学校園における著作権の利用は例外規定がある
- 著作権の利用はあくまで保育活動の範囲内であること
- 著作権の利用は原則として「許諾」を必要とする

保育現場と著作権

　子どもの理解を深めるために、子どもたちが何に興味関心を持っているのか、保育者は知っておく必要があります。例えば実習に行くと、子どもたちの名前をきちんと憶えて、「〇〇ちゃん」と名前を呼んで話しかけるのか「あのね」といって誰かわからない状態で話しかけるのか、子どもは理解しています。

　したがって、子どもたちが好きなアニメやキャラクターは皆さんも知っておいた方がいいと思います。しかし、それとそのキャラクターを保育に活用することは別問題です。

　一部の園はこうしたキャラクターを保育に用いること自体を避けます。最近は実習中に子どもたちとの関わりを増やすため、あえて靴下などをキャラものにする学生もいますが、実習園の許可を得ておいた方が無難でしょう。園によっては「私たちの園ではそういったキャラクターを使いません」と言われてしまったらいい気分にはならないでしょうから。

　ただ、キャラクターものに寛容な園であれば、保育に取り入れてもいいと考えます。著作権法では、学校などの教育機関においては、授業の過程で教師や児童、生徒が複製する場合は、例外的に権利者に無断ですることができると定められています[7]。保育者が子どもたちの保育のために著作物を複製するのは許可を得なくても大丈夫なのです。

　ただし、この事例のW先生の不安は正しく、運動会が終わった後もそのまま看板を園に保存しているのは利用目的だった運動会が終わっているため、これはキャラクターを作成した会社に許諾を得ないといけない事例にあたります。

　最近は園などで著作権に配慮した事例が出てきました。例えば運動会に使う曲もボーカルのない音楽だけのものや、キャラクターもののお遊戯は避ける傾向があります。

　子どもたちはアニメやキャラクターが大好きですし、それを止めることはないですが、皆さんのように保育者を目指す方は著作権を踏まえながら保育現場で活用してください。

[7]　著作権法第35条
　学校その他の教育機関（中略）において教育を担任する者及び授業を受ける者は、その授業の過程における利用に供することを目的とする場合には、その必要と認められる限度において、公表された著作物を複製し、若しくは公衆送信（中略）を行い、又は公表された著作物であつて公衆送信されるものを受信装置を用いて公に伝達することができる。（後略）

考えてみよう！

• 保育現場であっても許諾を得ないといけないケースを考えてみましょう。

6 インターネットにあふれる情報をどう読むか

インターネット上にある情報は年々膨大になってきました。それにしたがって、明らかにうその情報も含まれるようになり、それは真実のように見えてしまいがちです。どんな点に気をつけなければならないでしょうか。

地震で動物園の檻が壊れた！？

V先生は5年目になる中堅の保育者です。幼稚園の様子もある程度理解できるようになりました。V先生は日頃の社会の様子をインターネット、特にSNSから読む機会が多い先生でした。幼稚園で新聞を読むこともありましたが、SNSの方が自分の知りたい情報をすぐに見ることができますし、何より無料なので、経済的にも魅力だったからです。

ある日、V先生の幼稚園の近くで地震が起きました。幸いV先生は幼稚園から少し離れたところに住んでいたため、直接的な被害を受けることはありませんでした。しかし、地震で幼稚園に電話をかけてもつながらず、園長先生や主任の先生とは緊急連絡先として交換していたSNSでやり取りをしていました。幼稚園はしばらく休園とし、子どもたちにはホームページや緊急連絡用のメールで連絡を取りました。「地震のことを調べておいた方がいいな」と考えたV先生はいつも利用しているSNSで地震の状況について調べていました。

すると、地震のあった地域にある動物園の檻（おり）が壊れ、猛獣が園外に逃げてしまったというニュースを目にしたのです。「これは大変だ、急いで園長先生に知らせないと」V先生はすぐに園長先生に連絡をします。

「V先生、私たちのところにはそんなお知らせは来てないわよ、どこでその情報を見たの？」

「SNSで書かれていて、動物園の写真も記載されています」

「私たちも幼稚園のある〇〇市に問い合わせてみます、ひとまず保護者の方に連絡するのは待ってください」

V先生は「こんな情報は早く保護者の人たちにも連絡した方がいいのに」と思いながらも指示に従い、園長先生からの連絡を待ちました。翌日、V先生が見たニュースはうその情報（フェイクニュース[8]）だったことがわかったのです。

*8　フェイクニュース
一般的にフェイクニュースは虚偽のニュースであると言われています。
例えば、コロナ関連のフェイクニュースは他の事例よりも多い点が指摘されています。
（山口真一「わが国における誹謗中傷・フェイクニュースの実態と社会的対処」(https://www.soumu.go.jp/main_content/000745067.pdf 2021年8月15日確認)）

解説のポイント

● インターネット上にある情報がすべて本当とは限らない

● SNSを信じている人ほどフェイクニュースに騙されやすい

● 情報を受け取るときも書き込むときもひと呼吸おいて考えることが必要

ネット上にあふれる情報をどう受け取るのか

インターネットが社会のインフラになって約20年近くが経過しようとしています。1990年代にはそもそもインターネットにアクセスできる人が限られており、そこに記載される情報も多くは公的なものだったのではないでしょうか。しかし、わが国のみならず、多くの国の人々がネット上にアクセスできるようになり、さまざまな情報が飛び交った結果として、私たちに有益な情報が得られるようになったと同時に、うその情報や詐欺を前提とした情報もあふれるようになりました。

したがって、皆さんにはそのあふれる情報から何が本当で何がうそなのかを取捨選択する力が必要となってきます。こうした力を学校で教えられる機会は少なく、自分で意図的に学ばなければ上記の事例のように騙されてしまうことがあります。

これはフェイクニュースに限ったことではありません。ウイルスに感染するように設定されたスパムメール、まったくニセのホームページを作成して皆さんの個人情報を盗もうとするフィッシングサイトなども正しいメールやホームページではありません。インターネットでニュースを読む機会が増えているのは皆さんだけに限らず、年配の方もそうです。お金をかけずに情報を入手できるのですから、これを利用しない手はないでしょう。ただ、それはかたよった考えであるかもしれない、と理解した上で利用しましょう。

2011年3月の東日本大震災の時、「関東に電力を輸送するために節電してほしい」という一種のニセ情報のメールが大人に広まりました。フェイクニュースは善意の情報にみえるので、情報源を確認せずに拡散されてしまうのです。

皆さんがこれから保育者として関わる子どもたちはこうした情報があふれる社会を生きることになります。そうした子どもたちのお手本として、正しい情報を見抜き、伝える人になってほしいです。

考えてみよう！

• フェイクニュースを見抜くにはどうすればいいのかを考えてみましょう。

• スパムメールやフィッシングサイトに引っ掛からないための知恵を共有しましょう。

7 メールの送り方と基本的なマナー

 コロナ禍の影響でオンラインでのやりとりが増えてきました。ビジネスの世界ではSNSよりも電子メールが一般的です。ここではメールの送り方と基本的なマナーについて考えてみましょう。

メールの送り方に関するトラブル

メールの送信を巡るトラブルはよく耳にします。
メールの送信方法をしっかりと理解し、今回のケースのようなことが起こらないようにしましょう。

　Hさんは認定こども園で働く 3 年目の保育教諭です。やっと日々の保育に余裕が出てきました。担当する子どもたちはもちろんのこと、その保護者の方々とも信頼関係を築くことができるようにもなってきました。

　認定こども園では保護者間の連絡網にLINEではなく、メールを使っており、こども園からの緊急連絡は全保護者のメールアドレスに一斉送信する仕組みになっています。

　ある日、認定こども園の子どもの家族に新型コロナウイルスの陽性反応が出ました。家族から連絡があり、こども園は翌日の保育を臨時休園することにしました。本来であれば緊急連絡メールは主任の先生が行うのですが、主任はその日たまたまお休みであり、情報機器に詳しくない園長先生から「H先生、主任に代わって緊急連絡メールを保護者の皆さんに送信してもらってもいいかしら」とお願いされました。Hさんは「わかりました、いつもどこからメールを送信されていますか」と尋ねると、園で昔から使っているパソコンのメールソフトで送信しているとのことでした。

　Hさんは日頃スマートフォンでGmailなどのwebメールを利用したことはたまにありましたが、園でのメールソフトは初めて見るもので、少し不安になりましたが、「いつも使っている通り、メールアドレスを入力してお知らせをすればいいだろう」と考え、すべての保護者宛に臨時休園のお知らせをメールで知らせました。

　その日の夕方、子ども園に保護者の一人から苦情が入りました。「私のメールアドレスばかりでなく、他の方のメールアドレスも全部見える形で緊急連絡メールが届いているけど、大丈夫なのか」というものです。園長先生もHさんも保護者の意図することがわからず、「メールが届いたのならいいのではないか」と考えていたのですが、他の保護者からも電話が入り、どんどん顔色が悪くなってきました。

解説のポイント

● 不特定多数にメールを送信する場合、宛先のメールアドレスはBCC（ブラインドカーボンコピー）へ入力するのが基本
● メールアドレスも「個人情報」

メールを使わなくなったからこそ気をつけたいメールでのマナー

　最近は幼稚園や保育園も積極的にSNSを利用しているところがあります。その典型例はLINEなどを用いた緊急連絡網です。皆さんのようなデジタル・ネイティブの方々には信じられないかもしれませんが、ひと昔前の緊急連絡網は一人から一人に電話をかけてそれをリレーのようにつなげるという効率の観点からかけ離れた方法を採用していました。緊急連絡網という用紙には誰から電話がかかってくるのか、誰に電話をかけるのか一目でわかるように図で示され、各家の電話番号や携帯電話番号も明記されていました。

　現在、そのような緊急連絡網を使っている教育現場はごくわずかです。これだけ情報を「一斉送信」できるようになったのですから、メールであれLINEであれ、園側からすべての保護者宛に一斉送信した方が連絡漏れも防げますし、なにより1回の手間ですべての連絡が済みます。

　しかし、大学の授業でメールについての話をするとき、学生の皆さんからよく質問されるのが「宛先のところにあるTo、CC、BCCは何ですか」というものです。最近のwebメールは「宛先」しか表示されておらず、パソコン画面だと宛先の右端に小さく「CC」「BCC」と記載されていますが、スマートフォンだと宛先の右端をタップしなければそもそも「CC」「BCC」が表示されません。

　仕事でメールのやり取りをする場合、宛先(To)だけではなく、CC（カーボンコピー）やBCC（ブラインドカーボンコピー）を使うことが多くなります。例えば、ある保護者へ個人的なやり取りをする場合、主任の先生や園長先生にもそのやりとりを知らせたい場合、宛先に保護者のメールアドレス、CCに主任の先生や園長先生のメールアドレスを入力する場合があります。これは保護者の方とのやり取りを私的に行っているのではなく、業務の一環として行っていることを保護者に知らせる意味でもあるのです。ちなみに、CCのメールアドレスは宛先のメールアドレスの人にも主任の先生や園長先生のメールアドレスに送られていることがわかります。

　今回のようにBCCにメールアドレスを入力するのは、メールを受け取った人に、どんな人がこのメールを受け取ったのか、わからないようにしたいときに使います。例えば、今回の事例のように全保護者向けにお知らせするメールはすべ

ての保護者に送信していますが、メールを受け取った保護者には誰がこのメールを受け取っているのかわからないようにするのがBCCです。ここに記載したメールアドレスはメールを受け取った相手には見ることができません。送信した人だけが送り先のメールアドレスを確認できるので、相手にメールアドレスを知られることはありません。今回のような一斉送信メールの時には、全保護者のメールアドレスはBCCに入力し、宛先には園の代表メールなどを入力しておくことが賢明です。

　こうしたメールアドレス流出のトラブルは保育現場だけではなく、近年度々耳にしたり、目にしたりするケースが増えています。そして、その要因としてSNSが普及するにしたがって、メールアドレスを仕事以外の場で使う機会が激減したこと、大学等で学んだメールの送受信に関する知識が忘れられてしまっていることがあげられます。

　大学の先生からよくこんな愚痴を耳にすることがあります。「最近の学生のメールは件名もつけず、名前も冒頭に書かず、いきなり本題だけを送りつけてくる。けしからん」というものです。一般的にメールのやりとりは手紙に代わるものだと考えられていますので、件名に「I認定こども園臨時休園のお知らせ」や「授業欠席のお知らせ」といった、このメールの内容がわかる件名をつけるものだと大人は考えます。

　しかし、学生の皆さんはSNSでの「話し言葉」に慣れているので件名を付けず、友だちに話す感覚で先生のメールにメッセージを入力することが往々にしてあるようです。皆さんにお願いしたいのは、メールは手紙に代わるツールですので、相手との関係を考えて書き方や表現に気を配らなければなりません。手紙のように「拝啓」や「敬具」までは特段必要ありませんが、少なくとも件名やメールの冒頭は「○○先生おはようございます。○○大学の○○といいます」といった表現はつけておきましょう。これは仕事でのメールも同じです。

 考えてみよう！

- この事例で何がよくなかったのか、考えてみましょう。
- 今回の事例を踏まえて、本来ならするべきであったメールの記入例を宛先も含めて考えてみましょう。

電子メールの一例

宛先	送りたい相手のメールアドレスを入れる
CC	同じメールを送りたい場合、入力する（相手のメールアドレスが分かる）
BCC	同じメールを送りたい場合、入力する（相手のメールアドレスが分からない）

件名　教育実習に関する授業欠席について

○○先生　← 相手の名前を入れる

おはようございます。
○○大学幼児教育学科２年生の◇◇と申します。
教育実習期間の欠席について、連絡させていただきます。　← あいさつ文と所属の名前を入れる

６月７日〜18日まで、幼稚園実習を行うため、７日と14日の授業に参加することができません。もし課題等がありましたら、ご指示をいただければと思います。

どうぞよろしくお願い申し上げます。

○○大学　幼児教育学科
２年　◇◇◇◇　← メールの最後に自分の所属、名前を入れる

　ここまでは主に保育現場で見聞きするトラブルの事例を紹介してきました。ここでは、ICTを活用している保育現場の事例についてみていきたいと思います。

　幼稚園では園バスでの送迎を行っている園が多く、保護者の手を離れてから園に入るまで、少し時間が空いている場合が多いです。そこで、園に到着すると子どもたちが所持しているICタグが反応し、保護者に登園メールが届くサービスが導入されています。これは、通学に電車を使う小学生や塾などの習い事に行くときに、その施設に入ったことをICカードが感知すると、その保護者にメールが届くというサービスが好評なため、園バスでの送迎がある幼稚園の一部で導入されているようです。

　安全という観点から、いくつかの保育園で午睡の時間に導入されているセンサーがあります。とりわけ乳児はSIDS（乳幼児突然死症候群）になる恐れがあるので、午睡の時間は注意が必要ですが、そのセンサーは子どもたちの呼吸をチェックし、一定時間呼吸をしていない子どもがいたときに、保育士にそれを知らせるシステムがあるようです。

　また、園での子どもたちの様子を写真に撮影し、それを園の片隅にすべての写真を掲載して「写真の購入を希望される方は所定の封筒に写真の番号と名前を書いて写真代を入れて提出してください」といった注意書きがされていました。

　近年はプロのカメラマンが撮影し、それをセキュリティのしっかりしたweb上で販売しています。値段は実費よりも高額になりますが、明らかにでき上がった写真がいいものであること、遠方の祖父母にも写真が購入できること、ダウンロードできるので、スマートフォンやパソコンの壁紙にもできる解像度であること等のメリットが大きく、多くの園で採用されているとのことです。

　さらに、筆者が訪問したとある保育園では、子どもの記録を紙媒体ではなくタブレットで記入し、その記録が園内の保育士に情報共有されていました。そこの園長先生いわく「どうしても紙媒体に記録をするのは情報共有という観点からすると効率が悪く、働き方改革の観点からもいいと思えなかった。タブレットに入力するようになって、雑務の時間が減り子どもたちの保育に多くの時間が取れるようになったと現場の先生からも評価してもらっている」とのことでした。

　将来的にはこの保育園のように多くの園で情報端末が利用され、子どもたちの記録をデータ入力するようになるのかもしれません。そうした未来を見据え、次章以降の実践を学習していきましょう。

保育業務支援システムの１つ
（岩手インフォメーション・テクノロジー株式会社提供）

PC 操作編

PC操作の基本

この本をこれから読み進めるにあたって、PC操作の基本を押さえておきましょう。

1 デスクトップ画面

パソコンを起動するとデスクトップ画面が表示されます。使用したいアプリケーションソフトを起動させたり、保存されているファイルを探したりするため、名称と操作方法を覚えていきましょう。

Windows11の場合

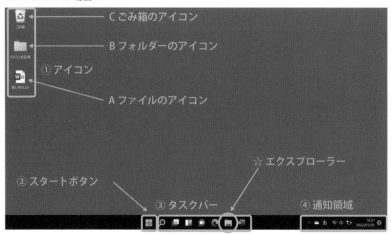

Windows10の場合のタスクバー配置

①アイコン

アイコンをダブルクリックすることで、そのアイコンに応じた動作をします。ファイルのアイコンであればファイルを開き、フォルダーのアイコンであればそのフォルダーの中身を表示します。

Aはファイルのアイコンです。そのファイルを開くアプリケーションによってアイコンの絵柄が変わります。ドラッグしてフォルダーに重ねるとそのフォルダーの中にファイルが移動します。削除したい場合は右クリックしてメニューを表示し、[削除]を押します。

Bはフォルダーのアイコンです。ダブルクリックするとエクスプローラーと呼ばれるファイル管理ソフトが開き、そのフォルダーの中身を表示してくれます。フォルダーの中にはファイルや別のフォルダーを収納しておくことができます。デスクトップなど、フォルダーを作成したい場所で右クリックをして[新規作成]→[フォルダー（F）]と選んでいくと新しいフォルダーを作成できます。

Cはごみ箱のアイコンです。削除されたファイルやフォルダーはここに入ります。ごみ箱に入れ

たファイルはまだ取り出すことが可能です。完全に削除するにはごみ箱を右クリックして「ごみ箱を空にする」を選択します。

②スタートボタン

　ここをクリックすると下のようにスタートメニューが表示されます。

Windows11の場合　　　　　　　　　Windows10の場合

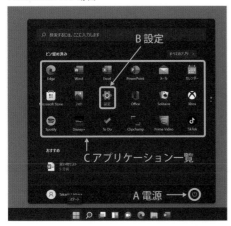 

　Aの「電源」からは、コンピュータのシャットダウンやスリープができます。Bの「設定」では、パソコンの各種設定ができます。Cの部分では、インストールされているアプリケーションソフトの一覧を見ることができますので、並んでいるアプリケーション一覧から起動させたいものを探してください。

③タスクバー

　起動中のアプリケーションがここに表示されます。よく使うアプリケーションは「タスクバーにピン留めする」ことで、起動していないときでも常時ここに表示させておいてすぐに起動することができるようになります。

④通知領域

　画面右下は通知領域と呼ばれます。アプリケーションなどに問題が起こった際の通知だけでなく、日時が表示されており、音量の調整なども行えます。ノートパソコンではバッテリー残量の確認やインターネットの接続設定もここから行うことができます。入力モードも表示されており、「A」と表示された状態では半角英数字入力に、「あ」と表示された状態では日本語入力になっているので、文字を打つ際に確認しましょう。

　エクスプローラーについて

　　タスクバーにあるエクスプローラーのアイコンをクリックすると、パソコン内やネットワーク上にあるファイルを探してアクセスすることができます。ファイルを開くだけでなく、ファイルの移動や複製、名前の変更、削除もここから行えます。エクスプローラーから目的のファイルを見つけられるよう、ファイルを保存した場所は覚えておきましょう。

2　アプリケーションの起動と終了

　ここでは、Wordを例にして、アプリケーションの起動と終了を解説します。ExcelやPowerPointでも操作は同様です。前のページのスタートメニューのアプリケーション一覧からWordを探してクリックするとWordが起動して下のようなウィンドウが開きます。

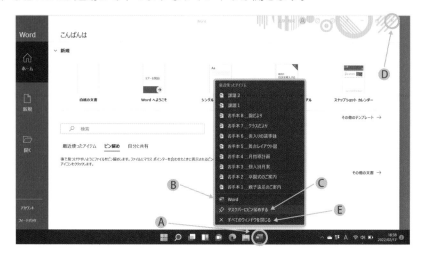

　タスクバーを見るとAの位置に起動中のアプリケーションとしてWordが表示されています。このAのアイコンを右クリックすると、Bのような操作メニューが出てきます。Cの[タスクバーにピン留めする]をクリックすると、Wordを終了させても常にタスクバーにWordのアイコンが表示され、次回からはこれをクリックするとWordが起動するようになります。ウィンドウを閉じてWordを終了するにはDの位置にある[×]を押すか、Eの[ウィンドウを閉じる]を押します。

　編集途中のファイルのウィンドウを閉じようとすると次のように[保存(S)][保存しない(N)][キャンセル]の選択を求められます。ファイルを保存したい場合はファイル名の入力と保存場所の選択をしたあとに[保存(S)]を押します。保存する必要のないファイルの場合はそのまま[保存しない(N)]を押します。誤ってウィンドウを閉じようとした場合、まだ編集を続けたい場合は[キャンセル]を押します。

3 マウスとキーボードの操作

①マウスの操作

マウスを動かすとそれに合わせて画面上でポインターが移動します。ポインターを画面上のアイコンやボタンにあわせたあと、下のようにマウスで操作を行います。

操作名	操作方法と主な作用
クリック	マウスの左ボタンを1回カチッと押します。主に対象を選択する際に使用します。アプリケーション内のボタンはクリックすることで動作します。
ダブルクリック	マウスの左ボタンを2回続けてカチカチッと押します。デスクトップのアイコンは1度クリックしただけでは選択されるだけで動作しません。ダブルクリックすることで対象ファイルやフォルダーを開くことができます。
右クリック	マウスの右ボタンを1回カチッと押します。主に対象の操作メニューなどを表示する際に使用します。
ドラッグ＆ドロップ	マウスの左ボタンを押したまま離さずにマウスを動かし、目的の場所まで動かしたら離します。複数の対象を範囲で選択する際にクリックの代わりに使用します。また、選択された対象を移動させたり、サイズを拡大／縮小したりする際にも使用します。

②キーボードの操作

この本の内容に取り組んでいくために、下に書かれているキーボードの機能については覚えておきたいところです。他の機能についても使いながら覚えていきましょう。

Esc キー
（実行中の動作を終了します。）

Delete キー
（カーソルの後ろの文字が消えます）

Back space キー
（カーソルの前の文字が消えます）

半角／全角キー
（半角英数字入力と全角日本語入力を切り替えます）

スペースキー
（日本語入力時には漢字変換に使用します）

Enter キー
（入力を確定させます）

カーソルキー
（カーソルを移動させます）

Word 編

Wordの基本と特徴

Wordの基本

　WordはMicrosoft社が提供する、世界中で使われている文書作成ソフトです。スタートメニューからWordを探して起動し、「白紙の文書」を開くと次のような画面が出てきます。

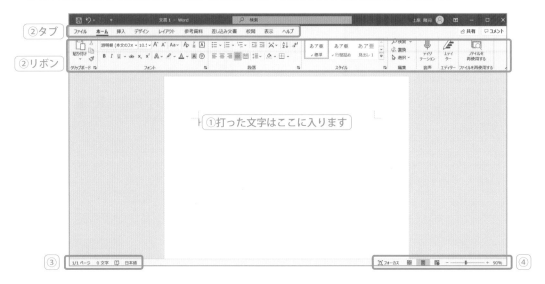

①文字の入力箇所

　白いところで紙に印刷された仕上がりをイメージしながら文書を作成できます。キーボードを打つと、[入力カーソル]（点滅している｜）がある位置に打った文字が入ります。

②タブとリボン

　入力した文字の修飾や文書全体の書式・レイアウトを変更するなどの操作をしたいときは、画面の上にあるこのエリアから行います。操作を行うための[ボタン]が集まっている場所は[リボン]と呼ばれます。操作のボタンは[ファイル][ホーム][挿入]…と大きく分類されており、それぞれの分類名が書かれた[タブ]をクリックすると表示が切り替わります。それぞれのタブの中でも[グループ]ごとにボタンが分類されています。

③ページ数と文字数

　全体のページ数と現在表示されているページの番号や、文書全体の文字数などを確認できます。任意の文字列を選択すると、選択した文字列の文字数も表示してくれます。

④表示方法の切り替え

　表示方法を切り替えたり、バーをスライドさせて表示の拡大率を変更したりできます。

Wordの特徴

　文書作成ソフトであるWordでは、ただ文字を入力するだけではなく文字をさまざまに飾り付けることができます。複数の色ペンや太さの違うペンを使って手で書く代わりに、Wordの機能を使って文字の大きさや色を変えるなどして、目立たせたいところを強調させることができます。字を書くことが苦手な人でも、読み手に合わせて可愛らしい書体や少し堅く見える書体の使い分けが簡単にできます。

　またWordではイラストや写真、表を入れた文書を作成することもできます。手書きであれば一度描いたイラストの位置や大きさを変更しようと思っても、消して描き直すとなると大変な作業です。Wordであればイラストの位置や大きさを変更することはもちろん簡単にできますし、同じイラストを複製して増やしたり、色を変えたりすることも簡単です。保護者へのおたよりなどを作成するときに、絵を描くのが苦手な人でもフリー素材などを使ってかわいらしくおたよりを仕上げることができます。

　なにより、Wordで書類を作成すると作業時間を大幅に短縮できます。タイピングに慣れていけば文字の入力速度は手書きの速度を大きく上回ります。以前作成した文書と似たような文書を作成するのであれば、作成済みの文書内で使われた文面やイラストをコピー＆ペーストで貼り付けることで、同じものをもう一度書く手間も省けます。速く文字を書こうとすると、手書きだときれいな字で間違えずに書くことに大変神経を使います。一方でタイピングでは急いで打っても文字が汚くなることはありません。タイプミスが起こってしまっても、Wordが文章校正機能を使って間違いを教えてくれます。

　Wordは保育者が書類を作成する際の強い味方です。Wordを使いこなして短時間でより質の高い書類を作成できるようになりましょう。

●字を書くのが苦手な人でもきれいな文字で！

●専用ソフトがなくても、パソコンで年賀状を作成できます！

Wordの基本操作

「保護者への書類」の作り方

◆保育現場で必要な保護者への書類。どのようにしたらうまく作れるか、一緒に学んでいきましょう。

3つのポイント

★文字や数字、記号などの基本的な文字を入力できるようになろう

★文字列の配置（左揃え・中央揃え・右揃え）の方法を学ぼう

★フォントの種類や大きさを変える、太字や下線で文字を飾るなどの方法を学ぼう

お手本

1. Wordの文書に文字を入力してみよう

3. 文字の書式を変更してみよう

2. 文字列の右揃え・中央揃えをしてみよう

4. 文書の保存をしてみよう

5. 文書の印刷をしてみよう

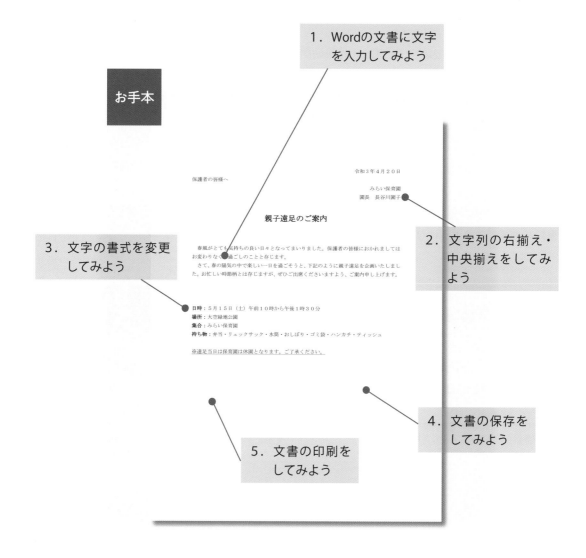

令和3年4月20日

みらい保育園
園長　長谷川園子

保護者の皆様へ

親子遠足のご案内

　春風がとても気持ちの良い日々となってまいりました。保護者の皆様におかれましてはお変わりなくお過ごしのことと存じます。
　さて、春の陽気の中で楽しい一日を過ごそうと、下記のように親子遠足を企画いたしました。お忙しい時節柄とは存じますが、ぜひご出席くださいますよう、ご案内申し上げます。

日時：5月15日（土）午前10時から午後1時30分
場所：大空緑地公園
集合：みらい保育園
持ち物：弁当・リュックサック・水筒・おしぼり・ゴミ袋・ハンカチ・ティッシュ

※遠足当日は保育園は休園となります。ご了承ください。

1．Wordの文書に文字を入力してみよう

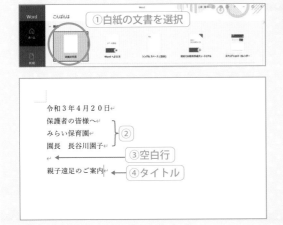

1 日付・宛先・発信者・タイトルの入力

①Wordを起動し、「白紙の文書」を表示させます。②日付、宛先、発信者名を左のように入力します。③ Enter を押して空白行を1行入れます。④タイトルを入力します。

Point 「園長」と「長谷川」の間は Space を押して空白を入れよう！

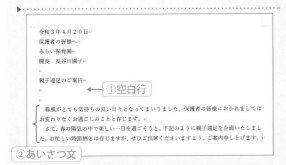

2 あいさつ文の入力

①タイトルの後で Enter を押して改行をしたら、さらに改行をして2行ほど空白行を入れます。②左のようにあいさつ文を入力します。

Point 適度に改行を入れて行と行の間を空けると読みやすくなります。

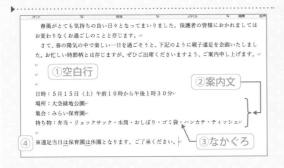

3 案内文の入力

①あいさつ文の後にも空白行を入れ、改行後が1マス空く場合は Back Space で消します。②左のように案内文を入力します。
③[・]（なかぐろ）は ?/め と書かれたキーで打ちます。④最後に※（こめじるし）を入れて、注意を呼びかけます。

Column　記号を入力するには？

　入力したい記号がキーに表示されているなら、そのキーを押します。違う文字や記号が入力される場合は、 Shift を押しながらそのキーを押してみましょう。※（こめ／こめじるし）のように読み方が分かっている場合は、その読み方を打って変換すると入力できます。読み方のわからない記号は「きごう」と打って変換すると見つかるかもしれません。通知領域にある「A」や「あ」を右クリックして、「IMEパッド」を選択して起動し、マウスなどで手書きすることで、読み方のわからない漢字や記号を入力することもできます。

2．文字列の右揃え・中央揃えをしてみよう

1 日付の配置変更（右揃え）

①１行目のどこでもよいのでカーソルを移動させます。②［ホーム］タブの［段落］グループにある［右揃え^{ぞろ}］をクリックすると、カーソルがある段落の文字が右端に揃います。

Point Wordでは改行されるまでは同じ段落として扱われます。段落に対する操作はその段落内のどこにカーソルがあっても段落全体に適用されます。

2 発信者の配置変更（右揃え）

①３、４行目を範囲選択します。②「1」と同様に［右揃え］をクリックします。

Point 単一行ではなく複数行の配置を変更したい場合は、変更したい行を範囲選択します。

3 タイトルの配置変更（中央揃え）

①タイトル行にカーソルを移動します。②［ホーム］タブの［段落］グループにある［中央揃え］をクリックすると、その行の文字が中央に揃います。

Column　ボタンの意味が分からない、操作方法が分からないときには？

　リボンには非常に多くの編集メニューがあります。各ボタンの上にポインターを合わせてしばらく待つと、そのボタンの持つ意味が表示されます。また、［ヘルプ］タブからヘルプ機能を使って、目的の操作の方法を検索することができます。分からないことを自分で調べて解決できるようになると、パソコンの習熟速度が一気に上がります。まずは分からない操作方法を自分で調べるための方法から身につけていきましょう。

3．文字の書式を変更してみよう

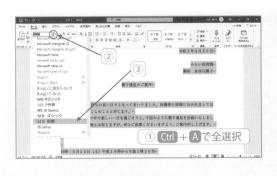

1　フォントの種類の変更

① Ctrl を押しながら A を押すと、全ての文字が選択されます。②[ホーム]タブの[フォント]グループ左上にあるフォント名の右の ・ をクリックします。③[MS 明朝]を探してクリックし、選択中の文字のフォントを変更してみましょう。

2　フォントサイズの変更

①「親子遠足のご案内」を範囲選択します。②同じ[フォント]グループ内のフォントの種類の右にある数字の横の ・ をクリックします。③「16」を選択してフォントサイズを16ポイントに変更します。

3　太字

①選択状態を保ったまま、同じ[フォント]グループ内の B をクリックして太字にします。②「日時：」「場所：」「集合：」「持ち物：」も同様に太字にします。

Point　マウスで文字がうまく選択できない場合は、 Shift を押しながらカーソルキーを押すことで選択範囲を変更できます。

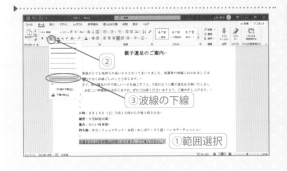

4　下線（アンダーライン）

①最後の行の文字をすべて範囲選択します。②[ホーム]タブの[フォント]グループにある U の右にある ・ をクリックします。③[波線の下線]を選択します。

Point　引いた下線の他に青い二重線が出ています。文法的におかしいところがあると、文章校正を提案してくれます。

4．文書の保存をしてみよう

1　保存を選ぶ

①[ファイル]タブを選択します。②[名前を付けて保存]を選択します。③ファイルの保存場所を選ぶために[参照]をクリックします。

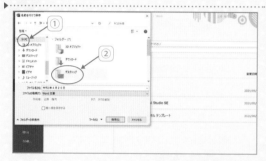

2　ファイルの保存先を選ぶ

①新しく開いた小さなウィンドウの左側で[PC]をクリックします。②右側に出てくる[デスクトップ]をダブルクリックします。

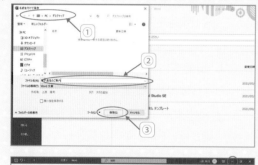

3　ファイル名を付けてファイルを保存する

①ここの表示が保存場所になります。②[ファイル名(N)]の右のボックスをクリックし、ファイル名を入力します。③保存をクリックするとファイルが保存されます。④ ― をクリックして開いているWordのウィンドウを最小化します。デスクトップを見て、先ほど自分が付けた名前のファイルがあることを確認しましょう。

Point 保存する場所は自分で決めておきましょう。また同じ場所には同じ名前のファイルを保存することはできません。

5．文書の印刷をしてみよう

①Wordからファイルを選択

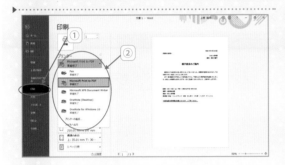

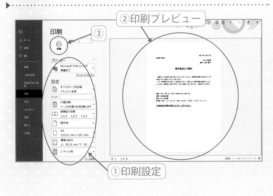

②印刷プレビュー

①印刷設定

1　ウィンドウを表示する

①下にあるタスクバーのWordのところにポインターを合わせ、その上に出てくる先ほど最小化したウィンドウをクリックして表示しましょう。

2　印刷を選ぶ

①[ファイル]タブを選択し、[印刷]を選択します。②印刷したいプリンターに接続されている場合は、[プリンター]からプリンターを選択します。

3　印刷の設定を確認する

①[設定]では印刷するページ、印刷部数、片面/両面印刷などの設定ができます。②右側に印刷プレビューが表示されています。③プレビューで最終の確認をし、問題がなければ[印刷]をクリックすると作成した文書がプリンターに出力されます。

> **Column　印刷する紙を節約したい**
>
> デフォルトでは「全てのページを印刷」が選択されていますが、印刷したいページが限られている場合は印刷したいページだけを指定して印刷することもできます。全てのページを印刷する場合でも、両面印刷を利用したり、複数のページを1枚の紙に印刷したりすることで、印刷する紙を節約することができます。

Wordの基本操作

よりフォーマルな文書の作り方

◆「卒園式の案内」など、よりフォーマルな文書を作成し、文書のレイアウトの設定方法を学びましょう。

3つのポイント

★1行の文字数、1ページの行数などのページレイアウトを設定しよう

★行間や段落間の幅を自分で変更し、見やすい書類を意識しよう

★インデントとタブを使って文字の端を揃えよう

1. オートフォーマットを使って入力しよう

お手本

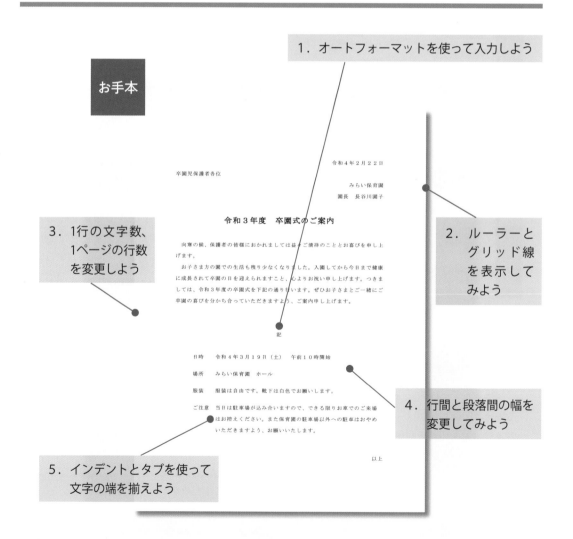

3. 1行の文字数、
1ページの行数
を変更しよう

2. ルーラーと
グリッド線
を表示して
みよう

4. 行間と段落間の幅を
変更してみよう

5. インデントとタブを使って
文字の端を揃えよう

令和4年2月22日

卒園児保護者各位

みらい保育園

園長　長谷川園子

令和3年度　卒園式のご案内

　向寒の候、保護者の皆様におかれましては益々ご清祥のこととお喜びを申し上げます。

　お子さま方の園での生活も残り少なくなりました。入園してから今日まで健康に成長されて卒園の日を迎えられますこと、心よりお祝い申し上げます。つきましては、令和3年度の卒園式を下記の通り行います。ぜひお子さまとご一緒にご卒園の喜びを分かち合っていただきますよう、ご案内申し上げます。

記

日時　　令和4年3月19日（土）　午前10時開始

場所　　みらい保育園　ホール

服装　　服装は自由です。靴下は白色でお願いします。

ご注意　当日は駐車場が込み合いますので、できる限りお車でのご来場はお控えください。また保育園の駐車場以外への駐車はおやめいただきますよう、お願いいたします。

以上

1．オートフォーマットを使って入力しよう

1 テキストを入力しよう

①白紙の文書を開いてまずは12行目までの
テキストを入力しましょう。

2 「記書き」をしよう

①空白行を2行入れた後に「記」と打って
Enter を押してみましょう。

Point 「記」と「以上」の間に伝えたいこと
を箇条書きする「記書き」を使用します。

3 オートフォーマット

① Enter を押すと自動的に「記」が中央揃え
となり、改行を挟んで「以上」と入力されます。

Point 特定の頭語に対応する結語を自動
で設定してくれるオートフォーマットの機能
が働きました。

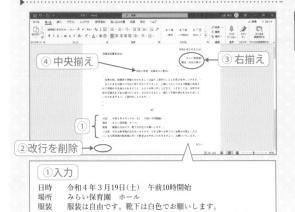

②改行を削除

①入力
日時　　令和4年3月19日(土)　午前10時開始
場所　　みらい保育園　ホール
服装　　服装は自由です。靴下は白色でお願いします。
ご注意　当日は駐車場が込み合いますので、できる限りお車でのご来
場はお控えください。
また保育園の駐車場以外への駐車はおやめいただきますよう、お願い
いたします。

4 残りの文字を入力する

①「記」と「以上」の間の文も入力します。②「以
上」の下の最後の改行は不要なので削除して
おきます。③日付と発信者を右揃えにします。
④タイトルは中央揃えにします。

2. ルーラーとグリッド線を表示してみよう

ルーラーを表示しよう

①[表示]タブの[表示]グループにある[ルーラー]の左のボックスにチェックを入れます。
②上に水平ルーラーが、左に垂直ルーラーが表示されます。

2 **グリッド線を表示しよう**

①[表示]グループにある[グリッド線]の左のボックスにチェックを入れます。1行ごとに罫線が表示されます。

3 **ページ設定ダイアログを開こう**

①[レイアウト]タブの[ページ設定]グループの右下の ⤵ から[ページ設定ダイアログ]を開きます。

4 **文字数と行数を確認しよう**

①[文字数と行数]タブを開きます。②作成中の文書の1行あたりの文字数と1ページあたりの行数を確認しましょう。

[Point] 水平ルーラーの目盛りは文字数に、垂直ルーラーの目盛りは行数に対応しています。グリッド線もページあたりの行数に対応しています。

3．1行の文字数、1ページの行数を変更しよう

1　文字数と行数を変更する

①［文字数と行数］のタブの［文字数と行数の指定］の［文字数と行数を指定する（H）］にチェックを入れます。②文字数を[36]に変更します。③行数を[42]に変更します。④[OK]を押します。

① 目盛りの右端が36

② 選択された文字数/全体の文字数

2　1行の文字数を確認する

①水平ルーラーの白く表示されている範囲の右端が36になりました。②左図のように、ちょうど1行を選択してみると、選択部分の文字数も36文字と表示されており、変更が反映されていることが確認できます。

① 目盛りの下端が42

②

3　行数を確認する

①垂直ルーラーも42行までの表示になっています。②グリッド線も指定した42行分になりましたが、文字がグリッド線を無視して配置されていて1ページに収まらず、2ページ目に入っています。

① 全選択

② フォントの変更

4　フォントを変更する

① Ctrl を押したまま A を押して全ての文字を選択します。②[ホーム]タブからフォントを[MS明朝]に変更します。

Point フォントの種類やサイズ、行間のサイズによってグリッド線の中に文字が収まらないことがあります。

4．行間と段落間の幅を変更してみよう

1	フォントサイズを大きくする

①6行目にある文書のタイトルを範囲選択します。②[ホーム]のタブから太字にします。③続けてフォントサイズを16ポイントに変更します。

[Point] フォントサイズを大きくすると、この1行で2行分のスペースを使っていることが分かります。

2	行間の幅を変更する

まだページの下の方には16行ほど余裕があるので、行と行の間隔を広げてみます。①[Ctrl]を押しながら[A]を押して全て選択します。②[ホーム]タブの[段落]グループから[行と段落の間隔]ボタンをクリックします。③[1.5]を選択します。

3	段落間の幅を変更する

①記書きにした6行を選択します。②先ほどと同じ[行と段落の間隔]ボタンをクリックします。③[段落後に間隔を追加(A)]を選択します。

Column　1ページにうまく収めるためには？

　余ったスペースが気になる、あるいはうまく1ページ内に収まらずに2ページ目に入ってしまうといった場合に調整する方法はいくつかあります。今回は①1行の文字数、1ページの行数を変更する②行間と段落間の幅を変更する、などの方法を使用しました。他にも③フォントサイズを変更する、④余白のサイズを変更する（p.59参照）などの方法もあります。

5. インデントとタブを使って文字の端を揃えよう

1　1行目のインデント

①範囲選択を解除せずに水平ルーラーの目盛り0の上の位置にある[1行目のインデント]を目盛り3の位置まで動かしてみましょう。

2　ぶら下げインデント

①続けて、目盛り0の位置にあるホームベース型の[ぶら下げインデント]を他の行と左端が揃うように目盛り7まで動かしましょう。

[Point] すぐ下に四角い左インデントがくっついているので、ドラッグするときに間違えて選ばないようにしましょう。

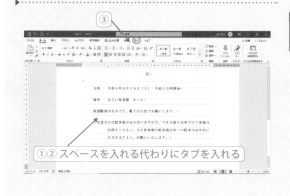

3　タブの挿入

①「日時」「場所」「服装」「ご注意」の4か所の後ろにスペースが入っているならそれを削除します。②スペースを入れる代わりにこの位置で [Tab] キーを押してみましょう。文字がきれいに揃います(コラム参照)。③最後に[表示]タブをクリックし、[グリッド線]のチェックを外して非表示にしておきましょう(p.50参照)。

> **Column　文字の端を揃えるためには?**
>
> 　文字の端を揃えようとして最初に思いつくのはスペースを入れることだと思います。ところが、半角と全角のスペースを使い分けても、うまい具合に文字が揃わないことがあります。このような場合にインデントを使って行頭を揃えることができます。行頭ではなく行の途中を揃える場合にはタブを使うと便利です。

表の作り方の基本

文書中に表を入れてみよう

◆罫線で区切られた記入表が入った文書の作り方を学びましょう。

3つのポイント

★Wordの中で好きなサイズで表を作ろう

★行や列、表全体のサイズを自由に変えられるようになろう

★複数のセルを結合して1つのセルとして使えるようになろう

お手本

1. 表を挿入しよう

2. 行の高さや列の幅を変更してみよう

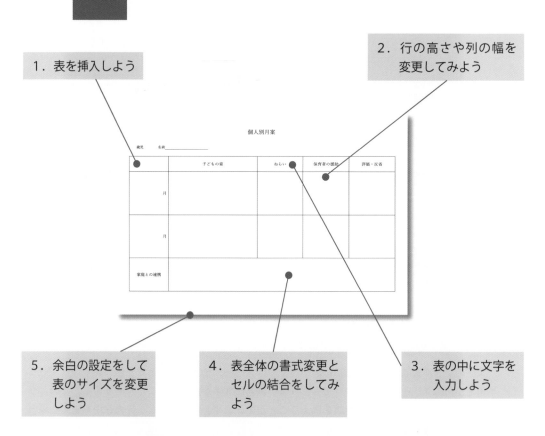

5. 余白の設定をして表のサイズを変更しよう

4. 表全体の書式変更とセルの結合をしてみよう

3. 表の中に文字を入力しよう

1. 表を挿入しよう

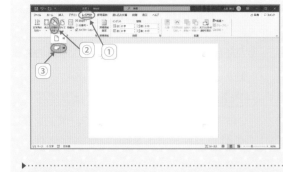

1 印刷の向きの変更

①白紙の文書を開いて[レイアウト]タブを選択します。②[ページ設定]グループの中の[印刷の向き]をクリックします。③[横]を選択すると用紙の向きが横長になります。

2 タイトルと年齢欄を入れる

①タイトルに「個人別月案」と入力し、16ポイントで中央揃えにします。②空白行を1行挟んだあと、全角スペースを2つ入れて「歳児」と入力し、年齢の記入欄を作ります。フォントサイズが16ポイントのままになっている場合は、フォントサイズを小さくします。

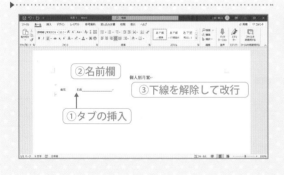

3 名前の記入欄を作る

①「歳児」のあとに Tab キーを押してタブを入れます。②「名前」と入力したあとに[ホーム]タブの[下線]をクリックし、全角スペースをいくつか入れて名前の記入欄を作ります。③これ以降は下線が引かれないように、[下線]を解除して改行をします。

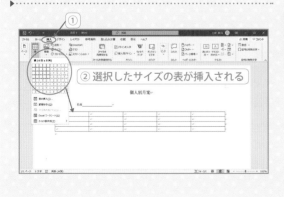

4 表を挿入する

①さらに1行改行してから[挿入]タブを選択します。②[表]の[表の挿入]で4行×5列の表を選択して挿入します。

Point ここで選べない、より行数・列数の大きな表は下に表示されている「表の挿入(I)」からサイズを指定して挿入します。

2． 行の高さや列の幅を変更してみよう

1 　列の幅を変更する

①左から２本目の縦線を左に、３本目の縦線を少し右にずらします。

(Point) 列の幅を変更するには、ずらしたい縦線にポインターを合わせて、ポインターが┿(左右両向きの矢印)に変わってからドラッグします。

2 　行の高さを変更する

①１ページ内に収まるサイズで３～５本目の横線を下にずらして２～４行目を広くしてみましょう。

(Point) 行の高さを変更するには、ずらしたい横線にポインターを合わせて、ポインターが╪(上下両向きの矢印)に変わってからドラッグします。

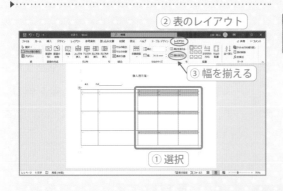

3 　列の幅を揃える

①３～５列目を選択します。②表の[レイアウト]タブを選択します。③[セルのサイズ]のグループにある[幅を揃える]で選択した列を同じ幅に揃えます。

(Point) [レイアウト]というタブが２つあるので注意しましょう。

4 　行の高さを揃える

①２～３行目も同じように選択します。②[高さを揃える]で同じ高さにします。

3. 表の中に文字を入力しよう

1 セルに文字を入力する

①文字を入れたいセルにカーソルを移動させて、キーボードを使って文字を入力します。左の列には「月」「月」「家族との連携」と入力、上の横の行には「子どもの姿」「ねらい」「保育者の援助」「評価・反省」と入力します。

2 セル内の中央に文字を配置する

①1行目全体を選択します。②表の[レイアウト]タブをクリックします。③[配置]で、[中央揃え]を選択します。④1列目の4行目にカーソルを移動させます。⑤ここも[中央揃え]を選択します。

3 セルの右に文字を配置する

①1列目の2、3行目を選択します。②[配置]グループから[中央揃え(右)]を選択します。

Column　セルの中の文字配置の変更

　各セルの中で文字をどの位置に揃えるかは、横方向(左・中・右)だけではなく縦方向(上・中・下)も組み合わせて選択することになります。表の項目名などは中央に揃えておくと見やすくなります。

4. 表全体の書式変更とセルの結合をしてみよう

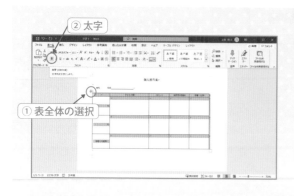

1 表全体の選択

①表にポインターを合わせます。左上に出た
⊞(十字の矢印)をクリックすると表全体が選
択されます。②[ホーム]のタブから表の中の
文字を全部太字にします。

Point 選択後に **Ctrl** + **B** のショートカッ
トでも太字にできます。

2 フォントサイズの拡大

①表全体を選択したまま、[ホーム]タブの
[フォントサイズの拡大]を使って段階的に
フォントを大きくして12ポイントまでフォ
ントサイズを上げてみましょう。1行目は
フォントの高さに合わせて行も高くなりま
す。

3 セルの結合

①4行目の2〜5列目を選択します。②表の
[レイアウト]タブの[結合]グループから[セ
ルの結合]のボタンを押します。

Point 選択しているセルを結合して1つの
セルにすることができます。

Column　表の罫線を見えなくする

　単に罫線を見えなくするだけであれば、[テーブルデザイン]の[罫線]から[枠なし(N)]を選択
するか、罫線の[ペンの色]を背景と同じ色(白)にすることで解決します。ただしこの場合、線は
見えないだけで実際にはセルの境界がありますので、表示される文字列の幅はセルのサイズに制
限されます。表の[レイアウト]から[罫線の削除]をすると、セルの境界を削除しますので[セル
の結合]と同じ操作を行ったことになります。

5．余白の設定をして表のサイズを変更しよう

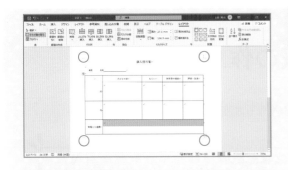

1 余白を確認する

Wordでは打った文字はページの四隅にあるマークの内側に入力され、それより外は余白として扱われます。入力スペースが足りないと感じる場合は余白を小さくしてみましょう。

2 余白サイズを変更する

①[レイアウト]タブの[ページ設定]グループにある[余白]をクリックします。②[狭い]を選択してみましょう。

(Point) 右側にある表の[レイアウト]タブと間違えないようにしましょう。

3 表を拡大する

①表にポインターを合わせると表の右下に出てくる四角をドラッグして、各セルの大きさの比率を保ったまま表を大きくします。表の下の改行を含めて1ページ内に収まるようにします。

4 表のサイズの自動調整

①表の[レイアウト]タブの中にある[自動調整]をクリックします。②[ウィンドウ幅に自動調整(W)]を選択します。

(Point) 表が余白部分にはみ出さないピッタリのサイズの幅に自動調整してくれます。

より複雑な表の作り方

◆月指導計画表を作成しながら、Wordで整った表を作る方法を学びましょう。

3つのポイント

★行や列のサイズを指定して複数の表のサイズを揃えよう

★塗りつぶしを使って表を装飾しよう

★文書内での表の配置場所を変更しよう

お手本

2. セルの中の文字の
配置を調整しよう

1. 複数の表を挿入しよう

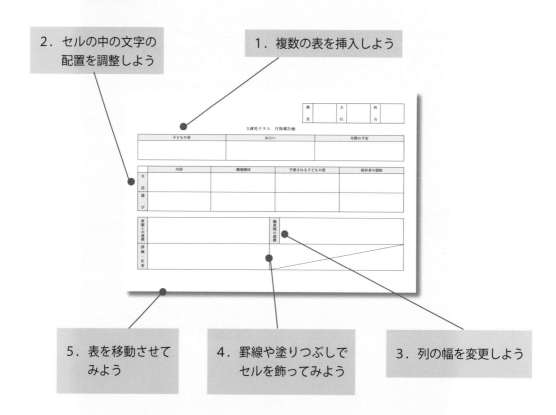

5. 表を移動させて
みよう

4. 罫線や塗りつぶしで
セルを飾ってみよう

3. 列の幅を変更しよう

1. 複数の表を挿入しよう

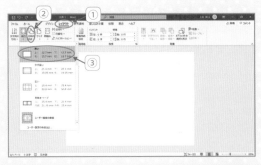

1 ページ設定の変更

①[レイアウト]タブを選択します。②[印刷の向き]から[横]を選択します。③続けて、[余白]から[狭い]を選択します。

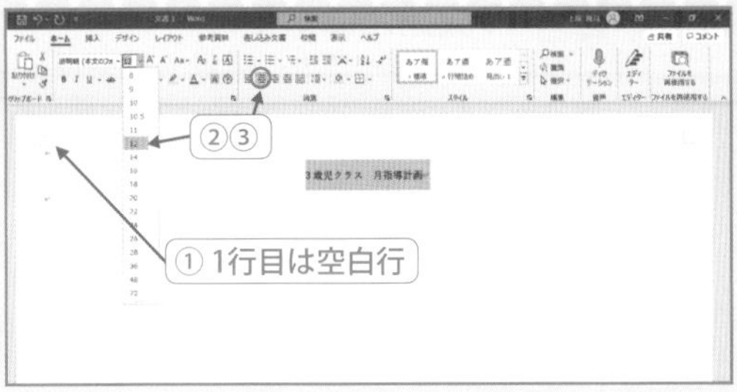

2 タイトル文字の入力

①2回 Enter を押して3行目まで改行マークを表示します。②2行目にカーソルを移動させ、タイトル文字を入力します。③中央揃えにして、サイズは12ポイントにします。

3 3つの表を挿入する

①タイトル文字の下の3行目にカーソルを移動させ、2行×3列の表を挿入します。②表の下の行で Enter を押して1つ改行を入れ、3行×5列の表を挿入します。③2つ目の表の下に改行を1つ入れて、2行×4列の表を挿入します。

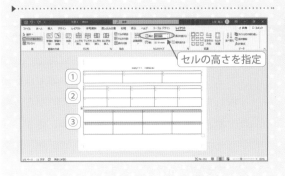

4 セルのサイズを指定する

①1つ目の表の2行目を選択し、表の[レイアウト]タブにある[セルのサイズ]グループ内の[高さ]の枠に「20」と打って Enter を押すと、選択されたセルの高さが20mmに変更されます。②2つ目の表も2、3行目の高さを「20」にします。③3つ目の表は2行とも[27]に変更します。

2．セルの中の文字の配置を調整しよう

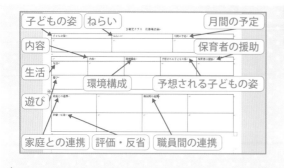

1　表の項目名を入力する

それぞれの記入項目を入力します。

② 中央揃え

① 表の選択

2　中央揃えにする

①表の左上に表示される 田（十字の矢印）を
クリックして表全体を選択します。②３つの
表をそれぞれ順に選択して、表の[レイアウ
ト]タブの[配置]から文字列の配置を[中央揃
え]にします。

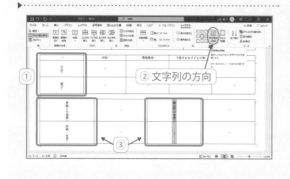

① ② 文字列の方向 ③

3　文字列の方向を縦にする

①２つ目の表の１列目の２、３行目を選択し
ます。②表の[レイアウト]タブの[配置]にあ
る[文字列の方向]ボタンを押して、文字列の
方向を縦に変えます。③同様に３つ目の表の
１列目と３列目も順に選択して、[文字列の
方向]を縦にします。

① ② 均等割り付け ③

4　セル内の文字を均等に割り付ける

①２つ目の表の縦書きにした２つのセルを選
択します。②[ホーム]タブの[段落]グループ
にある[均等割り付け]ボタンを押します。③
３つ目の表の縦書き部分についても同じよう
に均等割り付けにします。

3. 列の幅を調整しよう

1 文字の入った列の幅を調整する

①2つ目の表の1列目の右端の線にポインターを合わせます。②線をドラッグして1列目を狭くします。③3つ目の表の1列目も同じように狭くします。④続いて3つ目の表の3列目も狭くします。

[Point] 文字とその左右の余白を足した幅よりは狭くならないので、できる範囲で1列の幅を狭めます。

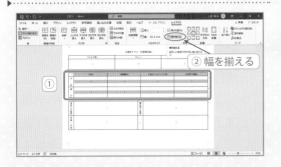

2 列の幅を揃える

①2つ目の表の2～5列目を選択します。②表の[レイアウト]タブの[幅を揃える]ボタンで4列の幅が同じになるようにします。

3 セルのサイズの確認

[セルのサイズ]に入っている数字でセルの高さと幅が確認できます。選択したセルのサイズはここに数字を入力することでも変更可能です。

4. 罫線や塗りつぶしでセルを飾ってみよう

1 セルを結合

①3つ目の表の右下の2つのセルを選択します。②表の[レイアウト]タブの[セルの結合]ボタンで2つのセルを結合します。

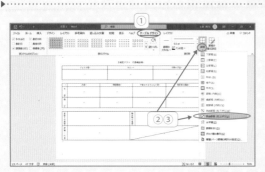

2 セルに斜め罫線を入れる

①結合されたセルにカーソルを置いたまま、[テーブルデザイン]タブを選択します。②罫線の下の▼をクリックします。③[斜め罫線（右上がり）]を選択して、記入が不要なセルに斜線を入れます。

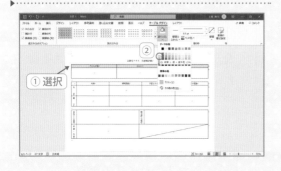

3 セルを塗りつぶす

①1つ目の表の1行目の3つのセルを選択します。②[テーブルデザイン]タブの[塗りつぶし]ボタンの下の▼から[白、背景1、黒＋基本色15%]を選びます。③2つ目と3つ目の表についても、項目名が入ったセルをそれぞれ選択し、同じ色で塗りつぶします。

Point 先ほどと同じ色で塗りつぶす場合は、ペンキのマークをクリックするだけで同じ色で塗りつぶされます。

5. 表を移動させてみよう

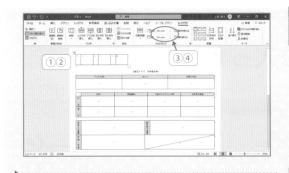

1 セルのサイズを指定する

①1行目の空白行にカーソルを移動します。②[挿入]タブから1行×6列の表を挿入します。③[表ツール]の[レイアウト]タブから高さを20mmにします。④セルの幅は交互に10mmと24mmとします。

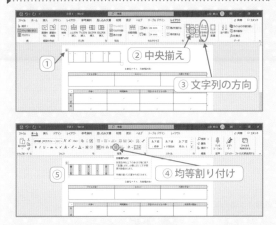

2 承認欄を作る

①ポインターを表の左上に移動させ、表示された ⊞ をクリックして表全体を選択します。②表の[レイアウト]タブから文字列の配置を[中央揃え]にします。③[文字列の方向]ボタンで文字列の向きを縦にします。④[ホーム]タブで[均等割り付け]ボタンを押して、文字をセル内に均等に割り付けます。⑤お手本(p.60)を参考に3つのセルに文字を入力します。

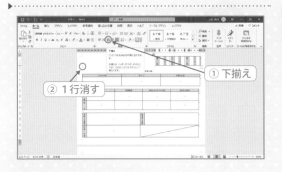

3 表を右端に移動させる

①表全体が選択されたまま[ホーム]タブの[下揃え]（文字列の方向が横の時の表示は[右揃え]）を押します。②2ページ目に1行はみ出しているので、左上の改行マークの前にカーソルをあわせ、Delete で削除します。

Column 表の移動

上では[下揃え]［右揃え]で表を移動させましたが、任意の場所に表を移動させたい場合は表の左上に出てくる ⊞ をドラッグすることで移動できます。

図形や画像の入った文書の作成

◆お遊戯会の舞台レイアウト図を作成しながら、図形や画像の扱い方について学びましょう。

3つのポイント

★グループ化も使って複数の図形や画像をきれいに整列させよう

★オンライン画像を文書に挿入しよう

★文字列の折り返しを使って、文書内で画像を自由に配置しよう

お手本

4. オンライン画像を
   挿入してみよう

1. 図形を挿入してみよう

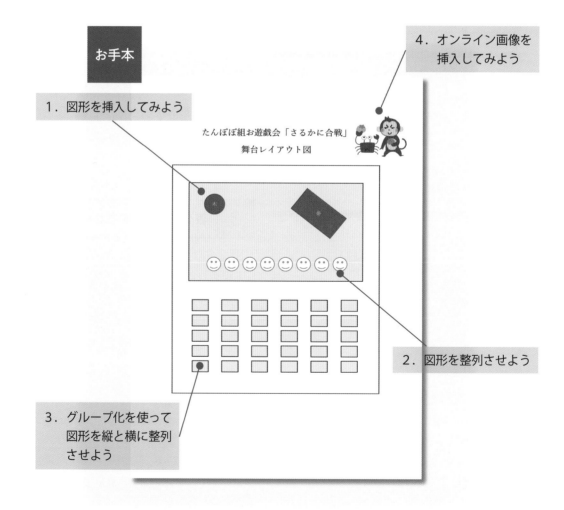

たんぽぽ組お遊戯会「さるかに合戦」
舞台レイアウト図

2. 図形を整列させよう

3. グループ化を使って
   図形を縦と横に整列
   させよう

1．図形を挿入してみよう

1　タイトルの入力

①フォントサイズを18ポイントに変更します。②文字を中央揃えにします。③文書のタイトル文字を入力します。

2　図形の挿入

①[挿入]タブの[図形]から[四角形]の中にある[正方形/長方形]を選択します。②図形を配置したい場所の左上の角から右下に向かってドラッグします。③希望の大きさになったところでボタンから指を離すと図形が挿入されます。

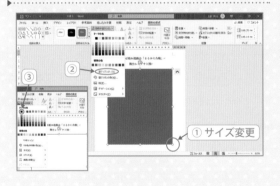

3　図形の書式の変更

①後からサイズを変更するには図形の角の○をドラッグします。お遊戯会が行われるホール全体を大きな四角形で描きましょう。②[図形の書式]タブの[図形の塗りつぶし]から[塗りつぶしなし(N)]を選択します。③[図形の枠線]は[黒、テキスト1]を選択します。

4　図形を重ねる

①[挿入]タブの[図形]から再び[正方形/長方形]を選択して舞台を適切なサイズで挿入します。②[図形の書式]タブから[図形の塗りつぶし]を[薄い灰色、背景2]に、③枠線の色は[黒、テキスト1]に変更します。

2．図形を整列させよう

1　複数の図形の選択

①灰色の長方形が選択されている状態で、Shift を押したまま外側の透明な長方形の枠線をクリックして2つの図形を同時に選択します。

2　2つの図形の中心を揃える

①[図形の書式]タブの[配置]から[左右中央揃え(C)]を選ぶと、2つの長方形の左右の中心が揃い、舞台をホールの真ん中に設置することができます。

3　スマイル図形の挿入

①[挿入]タブの[図形][基本図形]から[スマイル]を選択します。② Shift を押しながら小さめにマークを挿入します。

Point Shift を押しながらサイズを決めると、縦横比が1:1の綺麗な図形が描けます。

4　図形の複製

挿入したスマイル図形を選択し、コピー＆ペーストでスマイル図形を8つに増やします。両端のスマイル図形が舞台の横幅に収まる程度に、左右両端のスマイル図形を配置します。

Point Ctrl + C がコピーのショートカットキー、Ctrl + V が貼り付けのショートカットキーです。

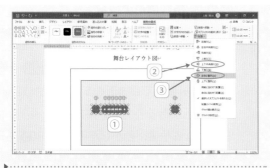

5 図形の整列

① Shift を押しながら8つのスマイル図形を
すべて選択します。②[図形の書式]タブの[配
置]から[上下中央揃え(M)]を選びます。続
けて[配置]から[左右に整列(H)]を選択しま
す。

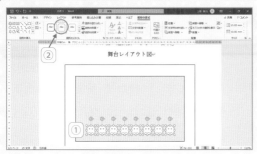

6 図形の移動とスタイルの変更

①8つの図形が選択された状態で、いずれか
の図形の上にポインターを合わせ、ドラッグ
＆ドロップで舞台前方に8個のスマイル図形
を移動させます。②[図形の書式]タブの[図
形のスタイル]から[枠線のみ - 青、アクセン
ト1]を選択します。

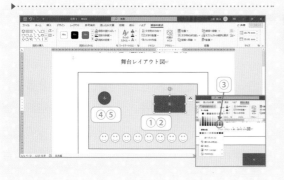

7 図形への文字の入力と書式の変更

①[挿入]タブの[図形]から[正方形/長方形]
を選択し、長方形を挿入します。②そのまま
「家」と入力します。③[図形の書式]タブから
[図形の塗りつぶし]を[ゴールド、アクセン
ト4、黒＋基本色50%]にします。④同様に
図形の挿入で[楕円]を選択し、Shift を押し
ながら円を描きます。⑤「木」と入力し、同じ
色で塗りつぶします。

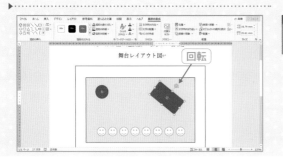

8 図形の回転

①家の図形をクリックします。②図形の上に
出てくる⟳をクリックしたまま指を離さず
に動かし、図形を適度に傾けます。

3．グループ化を使って図形を縦と横に整列させよう

1　複数図形の選択

①客席を表現するため、小さめの長方形を挿入します。②コピー＆ペースト（ Ctrl + C → Ctrl + V ）で長方形を5つに増やします。③1番上にある長方形が最前列、1番下が最後列になる位置に動かした後、5つの長方形を Shift を押しながら選択します。

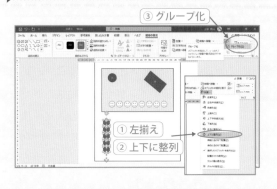

2　左揃えとグループ化

①［図形の書式］タブの［配置］から［左揃え]を選択します。②続けて［配置］から［上下に整列]を選択します。③［グループ化(G)］を選択します。

Point　グループ化することで、5つの座席をひとかたまりで扱えるようになります。

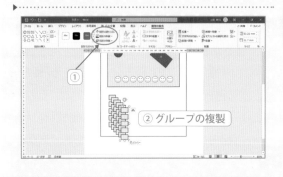

3　グループの書式設定と複製

①グループ化された図形が選択されたまま、［図形の塗りつぶし］で［薄い灰色、背景2］、［図形の枠線］は［黒、テキスト1］を選択します。②コピー＆ペーストをすると5つの長方形がセットで複製されます。全部で6列になるようにします。

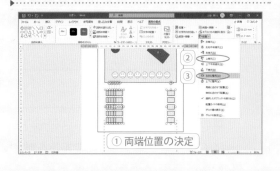

4　グループの整列

①1番左にあるグループが左端の列、1番右にあるグループが右端の列になる位置に動かした後、6つのグループを Shift を押しながら選択します。②［図形の書式］タブの［配置］から［上揃え(T)］を選びます。③［配置］から［左右に整列(H)］を選びます。必要なら位置を微調整します。

4. オンライン画像を挿入してみよう

1　オンライン画像の挿入

①1行目の最初の文字の前にカーソルを移動させます。②[挿入]タブの[画像]から[オンライン画像(Q)]を選択します。③「さるかに合戦」と入力し画像を検索します。④使いたい画像をクリックしてチェックを入れ、[挿入]を押します。

2　文字列の折り返しの変更

①せっかくきれいに配置した文字や図形がずれてしまいました。画像の右上に出る[レイアウトオプション]から文字列の折り返しを[背面]にしてこれを回避します。

Point　文字列の折り返しは[図の書式設定]タブや図を右クリックすることからも選択できます。

3　画像のサイズと位置を調整する

①画像を適切なサイズに調整し、文字の邪魔にならない位置に配置します。

Column　文字列の折り返しについて

　画像がたくさん入った文書を作りたい保育者にとって、文字列の折り返しはきちんと理解しておきたいところです。[行内]では文字が入るべき場所に画像が配置されますので、自由に好きな場所に画像を移動できません。自由に移動させたい場合は[四角形]を選ぶのも手です。ただし、画像と重なった文字が折り返されてずれるという問題が起こります。文字をずらしたくない場合は[前面]や[背面]を選択すると、文字は移動しません。この場合、画像と文字と重なった場合に背面にある方が隠れてしまうことは覚えておきましょう。

表の入った文書の作成

◆会議の議事録を作成しながら、表の入った文書の作成について学びましょう。

3つのポイント

★段落番号や箇条書きの使い方を学ぼう

★インデントを使って文字をきれいに揃えよう

★ヘッダーの編集をしよう

お手本

5．ヘッダーを編集しよう

1．段落番号を利用して議事録を作成しよう

2．箇条書きを使ってみよう

3．インデントで表のセル内の文字を揃えよう

4．表を中央に配置しよう

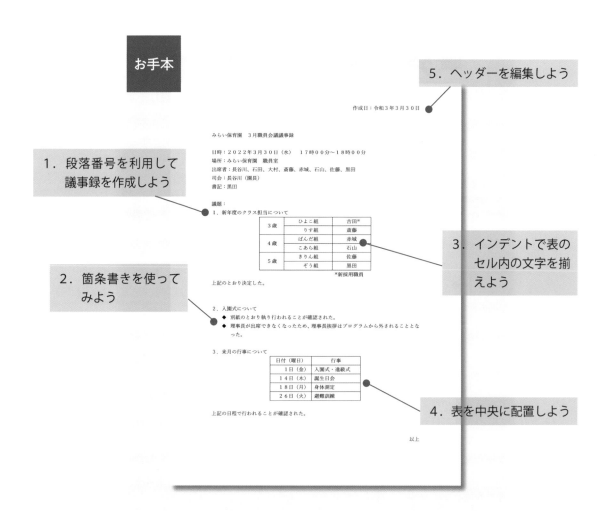

作成日：令和3年3月30日

みらい保育園　3月職員会議議事録

日時：2022年3月30日（水）　17時00分～18時00分
場所：みらい保育園　職員室
出席者：長谷川、石田、大村、斎藤、赤城、石山、佐藤、黒田
司会：長谷川（園長）
書記：黒田

議題：
1．新年度のクラス担当について

3歳	ひよこ組	吉田※
	りす組	斎藤
4歳	ぱんだ組	赤城
	こあら組	石山
5歳	きりん組	佐藤
	ぞう組	黒田

※新採用職員

上記のとおり決定した。

2．入園式について
　◆　別紙のとおり執り行われることが確認された。
　◆　理事長が出席できなくなったため、理事長挨拶はプログラムから外されることとなった。

3．来月の行事について

日付（曜日）	行事
1日（金）	入園式・進級式
14日（木）	誕生日会
18日（月）	身体測定
26日（火）	避難訓練

上記の日程で行われることが確認された。

以上

1．段落番号を利用して議事録を作成しよう

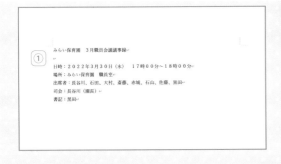

1　テキストを入力する

①「みらい保育園…」から入力をしていきます。最上段の「作成日…」の行は後で入力します。

① 段落番号

② 入力

1．新年度のクラス担当について
2．入園式について
3．来月の行事について

2　段落番号の利用

①「議題：」と打って改行したあとに[ホーム]タブから[段落番号]をクリックして段落番号を入れます。②改行をすると次の段落番号が自動的に入りますので、順番は違いますが議題2、3を先に入力してしまいます。

① 改行

② 削除

3　不要な段落番号の削除

①議題1の行の最後に戻り、改行をします。②段落番号2が新しく入りますが、もう一度 Enter を押すか、 Back Space を押すととこの段落が消え、左端から文字が入力できるようになります。

Column　箇条書きについて

　箇条書きの記号や段落番号が勝手に入ってしまったので消したいという場合は、[ホーム]タブの[段落]グループの中にあるボタンがオンになっているので、そこをクリックしてオフにすることで解除できます。記号や番号の表示を別の文字に変えたり、途中で一から新しく番号を振り直したりする際にもここから行います。

2． 箇条書きを使ってみよう

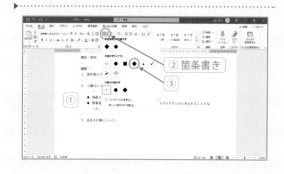

1　箇条書きオートフォーマット

①議題２の後でも同じようにして入力スペースを作ります。② Enter を押して現れた段落番号を削除します。③「・」を入力し Space を押します。④オートフォーマットで箇条書きの形式に変更されたら、「２．入園式について」の下に「別紙のとおり執り行われることが確認された」と入力し Enter 、⑤続いて「理事長が出席できなくなったため、理事長挨拶はプログラムから外されることとなった」と入力します。⑥ Enter を２回押して箇条書きを解除します。

2　箇条書きの行頭文字の変更

①箇条書きされた２段落を選択します。②［ホーム］タブの［箇条書き］の右の ・ をクリックします。③［行頭文字ライブラリ］から◆を選択して行頭文字を変更してみましょう。

3　余分な空白行を削除する

①箇条書きの上に入った空白行を削除します。

Point 箇条書きになったときには自動的にインデントが挿入されます。ルーラーを表示させてから箇条書きの行を選択し、1行目のインデントやぶら下げインデントの位置を確認してみましょう（p.53参照）。

3．インデントで表のセル内の文字を揃えよう

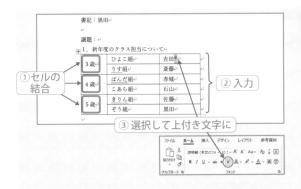

1 上付き文字への変更

①「1．新年度のクラス担当について」に表を6行×3列で挿入します。1列目は2行ずつ[セルの結合]をします（p.64参照）。②表の各セルに文字を入力します。③吉田の後の「※」は[ホームタブ]から[上付き文字]にします。④少し余裕をもたせて列の幅を調整します。

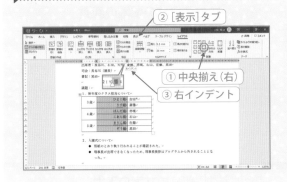

2 セルの配置（中央揃え）

①表の1列目のセルを全て選択します。②表の[レイアウト]タブから[中央揃え]にします。

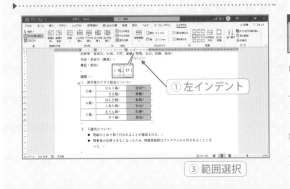

3 右インデントで右端を揃える

①2列目のセルを全て選択し、[中央揃え（右）]にします。②ルーラーが表示されていない場合は[表示]タブから表示します。③水平ルーラーの[右インデント]を左にスライドさせ、セルの中央辺りに文字を移動させます。

4 左インデントで左端を揃える

①3列目の全てのセルを選択します。②水平ルーラーの[左インデント]を右にスライドさせ、セルの中央辺りに文字を移動させます。

[Point] 中央揃えにすると、セルによって文字数が異なるため表示がずれてしまいます。

4． 表を中央に配置しよう

③ 5行×2列

1　表を挿入する

①「3.来月の行事について」の後ろにカーソルを移動し、改行します。② Enter を押して余分な段落番号を消します。③表を5行×2列で挿入します。

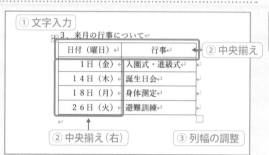

① 文字入力

3.来月の行事について

日付（曜日）	行事
1日（金）	入園式・進級式
14日（木）	誕生日会
18日（月）	身体測定
26日（火）	避難訓練

② 中央揃え

② 中央揃え（右）　③ 列幅の調整

2　行ごと列ごとの配置の変更

①文字を左図のように入力します。②タイトル行はセル内の配置を［中央揃え］、1列目の2行目以降は［中央揃え（右）］にします。③文字数に応じて列の幅を調整します。

③　5歳～

② 中央揃え

①

3　表全体の配置の変更

①表の左上に出る ⊞ から表全体を選択します。②［ホーム］タブから［中央揃え］とすると表がページの左右の中央に移動します。③議題1の表も同様に中央に配置します。

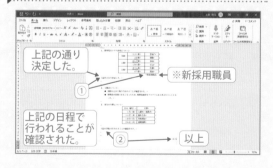

上記の通り決定した。

①

※新採用職員

上記の日程で行われることが確認された。

②

以上

4　残りの文字の入力

①の箇所に「※新採用職員」「上記の通り決定した」と入力します。②の箇所に「上記の日程で行われることが確認された」「以上」と入力します。

5．ヘッダーを編集しよう

1　ヘッダーを編集する

①ページ上部のヘッダー領域をダブルクリックします。②[ヘッダーとフッター]タブの[先頭ページのみ別指定]にチェックを入れます。

Point [先頭ページのみ別指定]にチェックをいれないと、次で入力する作成日が2ページ目以降も全てのページに表示されます。

2　作成日の入力

①作成日を入力します。②本日の日付を入れる場合は[日付と時刻]から表示形式を選択すると自動で入力してくれます。③[ホーム]タブの[右揃え]で右端に寄せます。

3　ヘッダーを閉じる

①ヘッダーとフッター編集中は本文部分が薄く表示されます。[ヘッダーとフッターを閉じる]を押すか、あるいは Esc を押すと、ヘッダーとフッターの編集が解除されて本文の編集に戻ります。

Column　ページ番号について

　複数のページにまたがる書類を作成する際には、ページ番号を挿入しておくと便利です。ページ番号の挿入は[挿入]タブの[ページ番号]から、あるいはヘッダーとフッターの編集中にリボンに表示される[ページ番号]から挿入が可能です。[先頭ページのみ別指定]にチェックを入れている場合は、1ページ目と2ページ目以降のそれぞれでページ番号を挿入しましょう。

テキストボックスや段組みなど、総合的なwordの使い方とレイアウト

イラストの入ったおたよりの作成

◆イラストを入れたクラスだよりを作成しながら、イラストや写真をWordで扱う方法を学びましょう。

3つのポイント

★オンライン画像や保存している画像をWordで利用しよう

★複製した画像を回転させたり反転させたりして、見せ方を工夫しよう

★テキストボックスや図形をうまく利用して好きな場所に文字を移動させよう

お手本

4. テキストボックスを利用しよう

2. 保存された画像を挿入しよう

3. 画像の回転と反転をしてみよう

きりんぐみだより　12月

みらい保育園
令和3年12月1日

今年もあとわずかとなりました。朝晩はぐっと冷え込み、風が冷たく感じます。それでも子どもたちは「先生、今日外行く？」と外遊びを楽しみにし、毎日元気いっぱい体を動かして遊んでいます。最近では鬼ごっこや縄跳び、サッカーなど、保育園の友達と一緒に体を動かす遊びを楽しんでいます。

遊んでいる中で「○○くんは足が速いね！」とか「○○ちゃんは跳ぶの上手！」というように、友達どうしでお互いの良いところを認め合う姿が増えています。お互いの素敵なところを子どもたちどうしで発見し合って一緒に成長していけるように引き続き関わっていきたいと思います。

発表会にむけて

きりん組の子どもたちは絵本が大好き。その中でも「もりのおすしやさん」はみんなが特に大好きな絵本です。次々に出てくる楽しい森の仲間たちがわさびを口にしたときの声やしぐさを、子どもたちも楽しそうにまねしています。子どもたちの楽しそうな姿から、きりん組では発表会で「もりのおすしやさん」の劇をみんなで演じることになりました。

劇の準備をしていく中で「こうやって動いたらいいんじゃない？」「このお寿司の色はこっちだよ」などと、子どもたちからも良い劇にするためのアイディアが次々と出てきて、クラスのみんなでより良い劇を作り上げていこうという気持ちが高まっています。一人ひとりが重要な役割を持ち、一人でも欠けたら成功しない「自分も友達もそれぞれみんな必要な存在」という気持ちを持てるように取り組んできました。当日を楽しみにしていてください。

手洗い習慣化のお願い

例年インフルエンザが流行する時期です。きりん組の子どもたちも外から保育室に帰ってくるときには「手洗いのうた」を歌いながらみんなで楽しく手洗いをしています。ご家庭でも保護者の皆さんも一緒に歌って手洗いをやってみてくださいね。

1. オンライン画像を挿入しよう

5. 文字の入った図形を利用しよう

クラスだより.docx
キリン.png
車.png
次頁から使用します

1．オンライン画像を挿入しよう

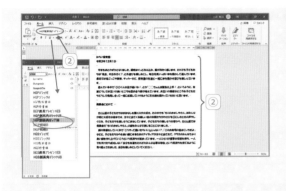

| **1** | **フォントの変更と文字の入力** |

①ファイルを開きます。②テキストデータの1行目（みらい保育園）から22行目（取り組んできました。当日を楽しみにしていてください。）まで選択し、フォントを[HGP創英角ポップ体]にします。

（Point）お手本を参考に、「きりんぐみだより」の文章を考えて入力してもよいでしょう。

| **2** | **フォントの設定** |

①「発表会に向けて」の行を選択します。②[ホーム]タブから中央揃えにします。③フォントサイズを20ポイントに変更します。④[下線]の右の・から[二重下線]を選択します。

| **3** | **オンライン画像の挿入** |

①範囲選択を解除してこの行の右端にカーソルを合わせます。②[挿入]タブの[画像]から[オンライン画像]を選択します。発表会に合った画像を検索して1つ挿入します。

| **4** | **画像を扱いやすいサイズに縮小する** |

①画像サイズが大きい場合は、扱いやすいサイズまで画像を小さくします。

（Point）文字列の折り返しで[行内]が選択されている場合、画像は文字1行分の横に並んで表示されます。文字と同じ行内にあるので、画像の下には二重下線も引かれています。

2．保存された画像を挿入しよう

1　文字列の折り返しの変更

①画像の右の［レイアウト オプション］から
［文字列の折り返し］で［背面］を選択します。
②画像のサイズと位置を調整します。

2　保存された画像の挿入

①1行目の左端にカーソルを移動させます。
キリンの画像（キリン.png）は「4月の園だよ
り.docx」と同じフォルダーに入っていますの
で、②［挿入］タブの［画像］→［このデバイス］
と選択します。③画像を保存している場所を
探して画像を選択し、［挿入］を押します。

Point あらかじめパソコンに保存されて
いる画像の挿入方法です。ない場合はオンラ
イン画像を挿入します。

3　画像を縮小する

①扱いやすいサイズに画像を縮小します。②
画像の右で改行し、園名を2行目に移動させ
ます。

Point 1行目は画像のみの行になってい
ます。

4　画像を複製する

①挿入した画像を選択し、コピー＆ペースト
で複製します。

Point 1行目に2頭のキリンが並んで入
ります。

3． 画像の回転と反転をしてみよう

1 画像の左右反転

①右側の画像を選択します。②[図の形式]タブから[オブジェクトの回転]をクリックします。③[左右反転]を選択します。

2 画像の配置の変更

①右側の画像を選択し、[図の形式]タブの[位置]をクリックします。②[右上に配置し、四角の枠に沿って文字列を折り返す]を選択します。

3 枠線画像の挿入

① [挿入]タブから[画像]の挿入を選び、枠線画像（車.png）を挿入します（p.80参照）。②文字列の折り返しで[背面]を選びます。③適切なサイズに調整して先ほどの２つの画像の間に移動させます。

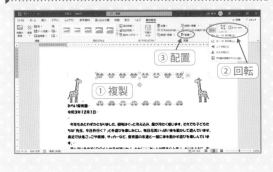

4 画像の回転

①コピー＆ペーストで枠線画像を複製します。②[図の形式]タブの[オブジェクトの回転]から[右へ90度回転（R）]を２回続けて選択して180度回転させます。③ Shift を押しながらもう一つの枠線画像も選択し、[図の形式]タブの[配置]から[左右中央揃え]を選択して揃えます。

4．テキストボックスを利用しよう

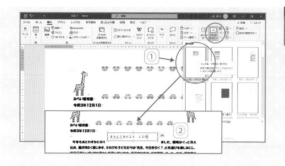

1　テキストボックスの挿入

①［挿入］タブから［テキストボックス］をクリックし、［シンプル－テキスト ボックス］を選択します。②テキストボックスの中に「きりんぐみだより　12月」と入力します。

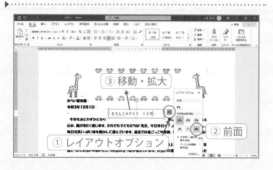

2　テキストボックスのレイアウト

①テキストボックスの右上に出る［レイアウト オプション］をクリックします。②［文字列の折り返し］で［前面］を選択します。③テキストボックスの枠線をドラッグして先ほどの４つの画像の中央に移動させ、適切なサイズに拡大します。

3　テキストボックス内の文字の設定

①［ホーム］タブからフォントの種類を［HGP創英角ポップ体］に変更し、フォントサイズを大きくします（24ポイント）。②［均等割り付け］をクリックします。③［図形の書式］タブから［文字の配置］で［上下中央揃え（M）］を選択します。④全体のバランスを見ながらテキストボックスの大きさを調整します。

4　透明テキストボックスの利用

①［図形の書式］タブから［図形の塗りつぶし］をクリックし［塗りつぶしなし（N）］を選択します。②［図形の枠線］をクリックし、［枠線なし（N）］を選択します。

Point　塗りつぶしと線がないテキストボックスを使えば、文書内の好きな位置に文字を置くことができます。

5．文字の入った図形を利用しよう

1 図形に文字を入れる

①[挿入]タブの図形から[四角形：角を丸くする]を選択して挿入します。②図形の書式タブから[位置]をクリックし、[中央下に配置し…]を選択します。③[文字の配置]をクリックし、[上揃え(T)]を選択します。④「手洗い習慣化のお願い」以降の行を「切り取り」し、図形を選択した後に[ホーム]タブの[貼り付け]の下の ・ をクリックし、[貼り付けのオプション]から[テキストのみ保持]を押して図形の中に貼り付けます。

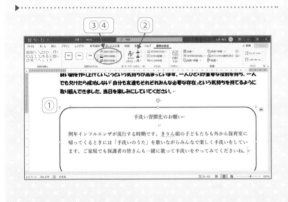

2 色の変更

①図形の枠線をクリックして図形全体を選択します。②[図形の書式]タブの[文字の塗りつぶし]の右の ・ から[黒、テキスト1]を選択します。③[図形の塗りつぶし]をクリックし[塗りつぶしなし(N)]を選択します。[図形の枠線]から枠線の色を[黒、テキスト1]にします。

3 フォントの設定と文字位置の調整

①図形の中の文字を全て選択し、[ホーム]タブからフォントの種類を[HGP創英角ポップ体]に変更します。②1行目のフォントサイズを12ポイントにして太字にし、下線を引きます。③3行目以降を左揃えにします。④テキストボックスのサイズを調整します。⑤文書の冒頭に入力した2行を右揃えにして完成させます。

テーマ **4** 発展

テキストボックスや段組みなど、総合的なWordの使い方と
レイアウト

複雑なレイアウトの文書の作成

◆段組みやテキストボックスを利用して園だよりを作成し、複雑に文字が配置された文書を自由に作れるようになりましょう。

3つのポイント

★段組みやタブを使いこなして、整った文書を作れるようになろう
★ワードアートや画像を使って、目を引く文書を作ろう
★段落罫線や枠線画像を使って、まとまりを表現しよう

お手本

1. セクション区切りと段組み、
   段区切りを使ってみよう

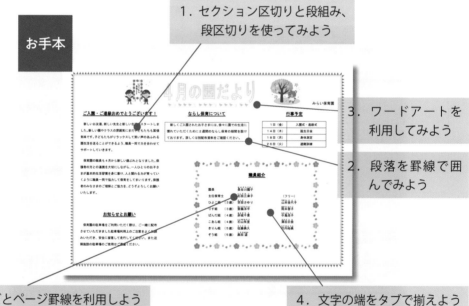

3. ワードアートを
   利用してみよう

2. 段落を罫線で囲
   んでみよう

5. ルビとページ罫線を利用しよう

4. 文字の端をタブで揃えよう

4月の園だより.docx
次頁から使用します

1．セクション区切りと段組み、段区切りを使ってみよう

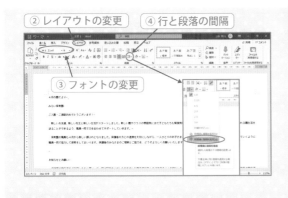

1　レイアウトの変更

①ファイルを開きます。②[レイアウト]タブから印刷の向きを横にします。余白は[やや狭い]を選択します。③ Ctrl ＋ A で全ての文字を選択し、[ホーム]タブからフォントの種類を[MSゴシック]に、サイズを9ポイントに変更します。④[行と段落の間隔]から[段落後に間隔を追加(A)]をクリックします。

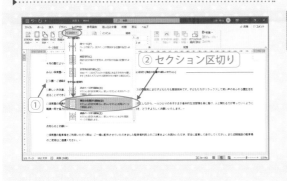

2　セクション区切りの挿入

①3行目の文の前にカーソルを移動させます。②[レイアウト]タブの[区切り]から[セクション区切り]を[現在の位置から開始]します。

Point [ホーム]タブから[編集記号の表示/非表示]をONにすると挿入されたセクション区切りが確認できます。

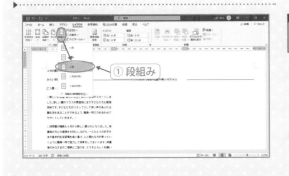

3　段組みを利用する

①[段組み]から[3段]を選択すると、3行目以降はページを3段に区切って文字が折り返されるようになります。

Point セクション区切りを入れないと、1、2行目にも3段組みが適用されます。

4　段区切りで次の段へ移る

①1段目の最後の文字の後にカーソルを置いて[レイアウト]タブの[区切り]から[段区切り(C)]をクリックします。

2. 段落を罫線で囲んでみよう

③ ページ罫線

① 入力

② 段落内にカーソル移動

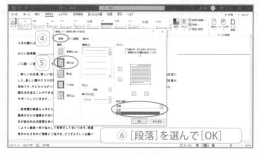

④

⑤

⑥ [段落]を選んで[OK]

行事予定

1日（金）	入園式・進級式
14日（木）	誕生日会
18日（月）	身体測定
26日（火）	避難訓練

① 3段目の入力

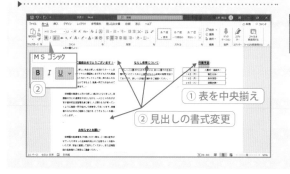

MS ゴシック

B I U

②

① 表を中央揃え

② 見出しの書式変更

1 段落全体を線で囲む

①「ならし保育について」を入力します②2段目の「ならし保育」について書かれた3行のどこかにカーソルを移動させます。③[デザイン]タブの[ページ罫線]をクリックします。④[線種とページ罫線と網掛けの設定]から[罫線]のタブをクリックします。⑤[種類]で[囲む(X)]を選択します。⑥[選択対象(L)：]から[段落]を選択して[OK]を押します。

Point 四角い図形で文字を囲む方法と異なり、行数が増減した場合も自動的に囲み線の大きさも変わります。囲む範囲が複数ページにまたがる場合にも便利です。

2 行事予定表を挿入する

①囲まれた段落の下でふたたび段区切りを入れて、3段目の見出しを入れて改行したあと、2列×4行の表を挿入（p.55参照）し、左の画面のように、行事予定表を作成します。

Point 表のセルの高さを9ポイントの文字に合わせて小さくできない場合、表を右クリックして[表のプロパティ]を開き、[行]のタブから[高さ(I)]を[固定値]に変更後にサイズ変更をします。

3 見出しの変更

①3段目の表全体を選択して[ホーム]タブから[中央揃え]にします。②各見出しのフォントを12ポイントにして太字にします。見出しを中央揃えにして各段の中央に配置し、二重下線を引きます。

3．ワードアートを利用してみよう

① 範囲選択　② ワードアート

1 ワードアートの挿入

①１行目の文書タイトルを選択します。②［挿入］タブのワードアートをクリックし、表示された中から好みのスタイルを選択してワードアートを挿入します。

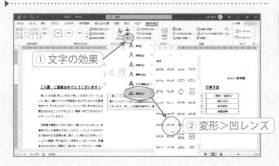

② ワードアートを移動　③ 右揃え
① 文字列の折り返し［前面］

2 ワードアートの移動

①ワードアートの枠の右上に出る［レイアウト オプション］から［前面］を選択します。②文字と重ならないよう、枠線を掴んで中央上部へ移動させます。③２行目の園名は右揃えにして10.5ポイント にしておきます。

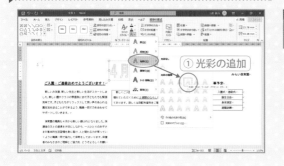

① 文字の効果
② 変形＞凹レンズ

3 文字を変形する

①「４月の園だより」のワードアートをクリックして、［図形の書式］タブから［文字の効果］を選択します。②［変形（T）］から［凹レンズ］を選択します。

① 光彩の追加

4 文字に光彩を付ける

①［文字の効果］を選択し、［光彩（G）］から［光彩：5pt;ゴールド、アクセント　カラー４］を選択します。

Point 他の効果も選んで、文字を飾ってみましょう。

4. 文字の端をタブで揃えよう

1 枠線画像を挿入する

①職員紹介欄を飾る春らしい枠線画像をオンライン画像（p.71参照）などで準備して、挿入します。文字列の折り返しは［背面］にして空いているところへ移動させます。

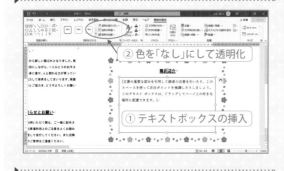

2 テキストボックスの書式変更

①［挿入］タブからテキストボックスを使って見出しを作ります。②「職員紹介」と入力し、フォントはMSゴシックの12ポイント、太字にして二重下線を引きます。③［図形の書式］タブから図形の枠線と図形の塗りつぶしをなしにして、枠内中央上部に移動させます。

3 透明テキストボックスを作る

①職員の氏名を入力するためのテキストボックスを挿入します。②図形の枠線と図形の塗りつぶしをなしにして、透明のテキストボックスを作成します。

4 タブで文字を揃える

左図を参考に①MSゴシックの9ポイントでテキストボックスに文字を入力します。文字を揃（そろ）えるためにスペースの代わりにタブを利用します。

Point 画像では編集記号を表示しています。「→」があるところでは Tab を押します。

5. ルビとページ罫線を利用しよう

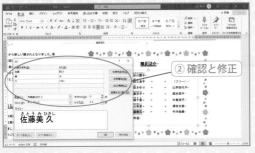

1 氏名にルビを振る

①職員の氏名を一人ひとり選択し、[ホーム]タブの[ルビ]から氏名にルビを振っていきます。②確認して修正をしながら全員分ルビを振ります。

[Point] 複数の職員の氏名を範囲選択して、一気にルビを振ることもできます。うまく認識してくれない場合は、名字と名前を分けて対象文字列欄を入力してルビを振る、文字列全体にルビを振る、などの機能を使いながら修正します。

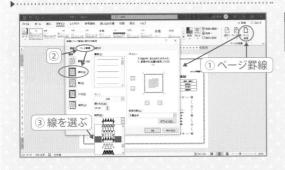

2 ページ罫線を利用する

①[デザイン]タブの[ページ罫線]をクリックします。②[線種のページ罫線と網掛けの設定]から[ページ罫線]タブを選び、左の[種類]で[囲む(X)]を選択します。③普通の線だけでなく絵柄で囲むこともできるので、好みの線を探してページを囲みます。

3 イラストで飾って仕上げる

季節に合ったイラストなどを挿入して飾ります。ここまで作成してきたレイアウトが崩れないように、挿入した図の文字列の折り返しは[背面]もしくは[前面]にします。全体を見て、図やテキストボックスのサイズや位置、行と行の間隔などを調整して仕上げます。

① **縦書きで賞状を作ってみよう**

　完成例を参考に縦書きの表彰状を作ってみよう。

・フォントはHPG創英角ポップ体にして、フォントのサイズを変えて強弱を付けます。

・行頭を揃えたいところはTabで調整します。

・1ページにちょうど収まるように、ページレイアウトから行数を調整し、最後に華やかなページ罫線を付けます。

お手本は
こちら

② **出欠表を作ってみよう**

　完成例を参考に15人の子どもたちの10日分の出席を記入できる表を作ってみよう。

・入力する文字は全てセルの上下左右中央に揃えてください。

・番号欄の幅は狭く、名前欄と備考欄は広く取ります。それ以外の各日の出席状況記入欄は全て同じ幅になるようにしましょう。

・ヘッダーの中央に大きく「出欠表」と入れましょう。

お手本は
こちら

③ **ひな人形を並べてみよう** 素材あり

　ひな人形たちがばらばらになっています。ファイルをダウンロードしWord上でひな壇の画像の上にきれいに並べてあげてください。

・そのままひな壇に載せようとしても人形たちは移動しません。画像を重ねるにはどうしたらよいか思い出してみましょう。

・三人官女、五人囃子はそれぞれ同じ段に等間隔で並べてください。

・正しい位置に並べることができるでしょうか？

お手本は
こちら

④ **メダルを作ってみよう** 素材あり

　完成例を参考に図形とイラストとワードアートを使ってメダルを作りましょう。

・メダルの枠の図形は真円になるようにしましょう。

・ワードアートは[文字の効果]→[変形]→[枠線に合わせて配置]から[アーチ]を選択し、アーチの角度を円に合わせましょう。

・片面ができたら全て選んでグループ化し、コピー＆ペーストで裏面分を作りましょう。

お手本は
こちら

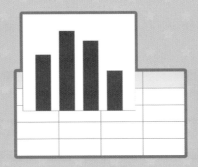

Excel 編

Excelの基本と特徴

Excelの基本

Excelは「表計算ソフト」と呼ばれるアプリケーションソフトの一種で、集計やグラフの作成、データ管理・分析などが行えます。

①タブとリボン

WordやPowerPointと同様に、Excelのさまざまな機能を実行したり、設定画面を表示するためのコマンド（命令）が項目ごとに分類されています。タブをクリックすると分類されたコマンドがリボンに表示されます。タブに関連したコマンドが表示されます。

②表の名称

Excelでは通常ファイルといわれるものを「ブック」と呼び、ブックは1枚以上の「ワークシート」から構成されています。ワークシートはマス目で構成され、これを「セル」と呼びます。また処理対象となっているセルを特に「アクティブセル」と呼びます。

③行と列

セルが垂直方向に並んだものを列（左からA、B、C…）と呼び、水平方向に並んだものを行（上から1、2、3…）と呼びます。この行と列の交差した座標でセルの位置を示し（例えばE6）、これを「セル番地」と呼びます。

④数式バー

　セルには計算式や関数、数値データ、文字列などを入力することができますが、セルでは表示しきれない長い文字列を数式バーでは入力することが可能です。

⑤計算と関数

　セルにはデータや数式等を入力することで計算が行えます。また「関数」と呼ばれるあらかじめ定義された数式を用いることで複雑な計算や処理などを簡素化することもできます。

Excelの特徴

　Excelの特徴として、表を作成して内容をデータベース化したりグラフを作成したり、多様な使い方ができます。

写真購入申込集計表

写真代　110 円/枚

名前	No.1	No.2	No.3	No.4	No.5	No.6	No.7	No.8	No.9	No.10	合計	写真代
ひよこ			5		4				5	2	16	1,760
りす	3		8	4		6		3			24	2,640
うさぎ	6	7		1		4		4		4	26	2,860
こあら	2		2	3			5		2	4	18	1,980
ぱんだ	1	3		1	1	6	1			1	15	1,650
ぞう	6		4	5	1		2	5		7	30	3,300
合計枚数	18	10	19	14	6	16	7	15	7	17	129	14,190
平均枚数	3.6	5.0	4.8	2.8	2.0	5.3	3.5	3.8	3.5	4.3	21.5	2,365
最大	6	7	8	5	4	6	5	5	5	7	30	3,300
最小	1	3	2	1	1	4	2	3	2	2	15	1,650
クラス数	6											

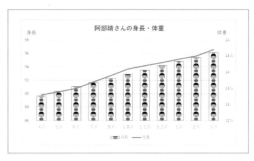

阿部晴さんの身長・体重

●表の作成

　さまざまな編集機能を利用することで見栄えの良い表を作成できます。また豊富な関数を利用することで高度な計算等を行うことができます。

●グラフの作成

　表のデータをもとにさまざまなグラフを簡単に作成できます。グラフを使うことでデータを視覚的に分かりやすく表現できるので、データを比較したり傾向を把握するのに便利です。

クラス	姓	名	性別	生年月日	住所
こあら	稲田	奈々	女	2017/5/8	浜松市中区DB4-16
こあら	河野	しずく	女	2017/11/3	浜松市中区AS11-0
こあら	近藤	有紗	女	2017/12/24	浜松市中区FD5-5
こあら	細川	琴音	女	2017/4/9	浜松市中区CE3-2
こあら	若林	愛海	女	2018/2/18	浜松市中区AS6-3
こあら	上野	加恵	女	2017/4/18	浜松市中区AB1-7
こあら	森下	真咲	女	2017/11/11	浜松市中区AA11-12
こあら	村松	夏季	女	2017/12/14	浜松市中区CZ1-8
こあら	峰亜	彩夏	女	2018/3/1	浜松市中区AS4-6
こあら	牧野	志帆	女	2017/5/2	浜松市中区AS1-3
こあら	野村	乃美	女	2017/4/10	浜松市中区AB9-12
こあら	和泉	怜奈	女	2017/12/17	浜松市中区AA5-14

●データの管理（データベース機能）

　表のデータを目的に応じて並び替えたり、必要なデータを抽出したりできます。

　大量のデータを管理するのに便利です。

性別	男				
平均 / 身長					
	阿部　晴	山田　未来	梅澤　悠	和田　芳樹	平均
4 月	89.0	94.8	91.0	90.7	91.
5 月	89.7	95.4	91.7	91.5	92.
6 月	90.4	95.9	92.2	92.0	92.
7 月	91.1	96.6	92.9	92.7	93.
9 月	92.3	97.7	94.2	93.8	94.

●データの分析（ピポットテーブル）

　大量のデータをもとにさまざまな集計を行ったり分析したりする機能です。単なるデータの集まりを仕事で生かすための集計表に生まれ変わらせることができます。

Excelの基本操作

物品購入申請書を作成してみよう

◆保育現場では画用紙や色紙などさまざまな物品を使って工作などに使用されています。それらを購入する際に使用される物品購入申請書を作ってみましょう。

3つのポイント

★表を作成し計算してみよう
★数式による計算と基本的な関数(SUM)を学ぼう
★分かりやすい表を作成しよう

お手本

1．文字や数字を入力しよう

2．罫線とセルを編集しよう

3．簡単な計算と便利な関数を使ってみよう

4．セルをコピーしよう

5．行の高さと列の幅を変更しよう

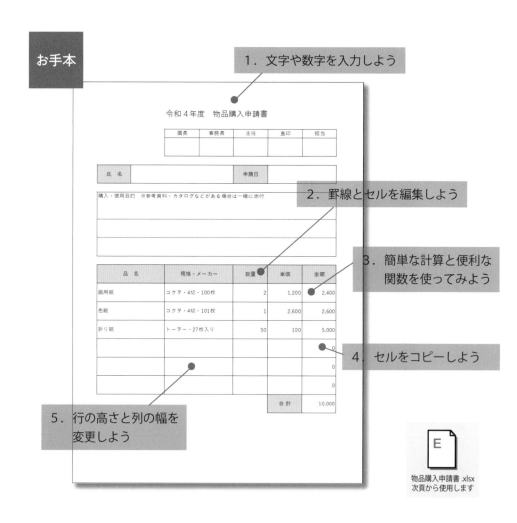

令和4年度　物品購入申請書

園長	事務長	主任	査印	担当

氏　名		申請日	

購入・使用目的　※参考資料・カタログなどがある場合は一緒に添付

品　名	規格・メーカー	数量	単価	金額
画用紙	コクヨ・4切・100枚	2	1,200	2,400
色紙	コクヨ・4切・101枚	1	2,600	2,600
折り紙	トーヨー・27枚入り	50	100	5,000
				0
				0
				0
			合　計	10,000

E

物品購入申請書 .xlsx
次頁から使用します

1．文字や数字を入力しよう

1 でき上がりをイメージする

Excelではセル毎に文字列や数式等を入力できますが、行・列で管理しているため予めでき上がりをイメージし作成することが望まれます。隣り合ったセルを簡単に結合し１つのセルにすることができるのでそれをふまえて作成します。

2 ファイルを開く

通常はExcelを起動し、［空白のブック］を選択して新規でブックを作成しますが、既にファイルがある場合は、該当するファイルをダブルクリックします。①［物品購入申請書］のファイルを開きましょう。

3 セルへの入力

①セル［A1］を選択し、「令和４年度　物品購入申請書」と入力します。

(Point) 既に入力されているセルはダブルクリックすることで編集が可能です。

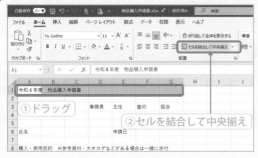

4 セルの結合

①セル［A1］から［G1］をドラッグし、②［ホーム］タブ→［配置］グループの［セルを結合して中央揃え］をクリックします。③同様にセル［B6～D6］［F6～G6］「品名」項目（［A13～B13］～［A19～B19］）、「規格・メーカー」項目（［C13～D13］～［C19～D19］）をそれぞれ結合します。

(Point) セルを結合することにより、一つのセルとして扱うことができます。

2．罫線とセルを編集しよう

1 罫線を引く

①セル[C3]から[G4]をドラッグして罫線を引く範囲を選択し、②[罫線]横の ▾ をクリック、[格子]を選択します。③セル[A6 ～ G6][A8 ～ G11][A13 ～ G19][F20 ～ G20]も同様に罫線を引きます。

Point 罫線を引いた後でも結合は可能です。

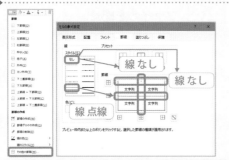

2 罫線を引く（複雑な罫線）

①購入・使用目的欄の中の線は点線なのでセル[A9 ～ G11]をドラッグし[罫線]→[その他の罫線]を選択します。②左の画面の通りの線種を選択後、右のプリセット内の対象の線をクリックし[OK]を押します。

3 セルの書式設定（中央揃え）

①セル[C3 ～ G3]をドラッグし[中央揃え]をクリックします。②同様にセル[A6][E6][A13 ～ G13][F20]も[中央揃え]に変更します。

Point セルごとにフォントや文字サイズ、強調、色、文字位置などの設定が可能です。

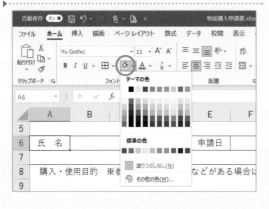

4 セルの書式設定（その他）

①セル[A6]をクリックし[塗りつぶしの色]をグレーに変更します。

②同様にセル[E6][A13 ～ G13][F20]を変更します。

Point [フォント][配置]グループにあるその他の機能も同様に設定可能です。

3．簡単な計算と便利な関数を使ってみよう

品　名	規格・メーカー	数量	単価	金額
画用紙	コクヲ・4切・100枚	2	1200	
色紙	コクヲ・4切・101枚	1	2600	
折り紙	トーヲー・27枚入り	50	100	
			合計	

<table>
<tr><td>1</td><td>覚えておこう</td></tr>
</table>

セルに数値や文字列等を入力すると数値は右揃え、それ以外は左揃えで表示されます。また四則演算子を利用した計算や関数を利用可能です（Excelでは×は＊、÷は／を数式で使用します）。

①左図にしたがってデータを入力しましょう。

<table>
<tr><td>2</td><td>四則演算で計算する</td></tr>
</table>

金額は［数量×単価］であるため、①セル［G14］をクリックし「＝E14＊F14」と入力します。②セル［G15］［G16］にも、それぞれに対応するセル番地を入力しましょう。

<table>
<tr><td>3</td><td>SUM関数の利用</td></tr>
</table>

合計はセル［G14～G19］の総計であるため「G14＋G15＋G16＋G17＋G18＋G19」となりますが、合計するセル数が増加するとミスしやすくなるためSUM関数を利用します。

①セル［G20］をクリック後、［編集］グループ→［ΣオートSUM］をクリックし、合計する範囲（G14～G19）を指定します。

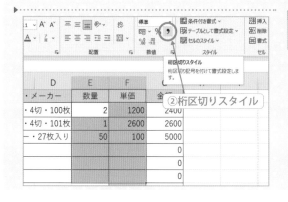

<table>
<tr><td>4</td><td>桁区切りスタイルの設定</td></tr>
</table>

①セル［E14～F19］をドラッグし、②［数値］グループ→［桁区切りスタイル］をクリックします。③合計が表示されているセル［G20］にも同様に設定します。

(Point) 一般的に数値は千単位で[,]を付けることで桁が分かりやすくなります。

4. セルをコピーしよう

	品 名	規格・メーカー	数量	単価	金額
11					
12					
13	品 名	規格・メーカー	数量	単価	金額
14	画用紙	コクヲ・4切・100枚	2	1,200	2,400
15	色紙	コクヲ・4切・101枚	1	2,600	=E15*F15
16	折り紙	トーヲー・27枚入り	50	100	5,000
17					0
18					0
19					0
20				合 計	10,000
21					
22		※オートフィル後のイメージ			

数量	単価	金額	
2	1,200	2,400	③フィルハンドル
1	2,600		
50	100		
	合 計	2400	

1 覚えておこう

セルをコピーすると、コピー元のデータと共に書式もコピーされます。またセルに数式が入力されている場合は、適宜計算式が修正されコピーされます。

一方、1月、2月のような連続するデータが入っている場合、コピーすることで連続する次の値が自動的にセットされます（オートフィル）。

2 数式と書式のコピー

①セル［G15 〜 G19］をドラッグし、Delete で内容を削除しましょう。②セル［G14］をクリックし、［桁区切りスタイル］を設定します（P.97参照）。③フィルハンドルをセル［G19］までドラッグすると数式と書式がコピーされます。④セル［G20］をダブルクリックし、そのまま Enter を押すと自動的に［,］が付加されます。

Column　オートフィルの体験

　①［オートフィル］シートをクリックし、セル［A2 〜 A12］をそれぞれ右にコピーしてみましょう。

　②連番を作成する際は、2つの数値の入ったセル［A16 〜 B16］をドラッグして選択後、フィルハンドルを右にドラッグすると連番が表示されます。

5．行の高さと列の幅を変更しよう

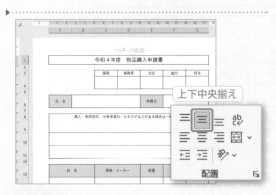

1　全体の確認

表示選択ショートカットを利用することで印刷イメージを確認しながら編集も可能です。
①表示選択ショートカットで[ページレイアウト]を選択します。

2　行・列のサイズ変更

行・列番号の操作でサイズ変更可能です。
①行番号4を右クリックします。②[行の高さ]を選択し、1.35cmと入力します。行番号6も同様に設定しましょう。③複数行に渡って同じ高さにする場合は、行番号を複数行ドラッグし同様に設定します。行番号9～11、13～20も同様に設定しましょう。
④列も同様に設定します。列番号A～G全てを2.48cmで揃えましょう。

3　仕上がりの確認と修正

[フォント]や[配置]グループの機能を利用して見栄えよく設定しましょう。
- タイトルの文字サイズを拡大
- [氏名][申請日][品名～金額][合計]を[上下中央揃え]に設定
- F8の左右の縦罫線
- その他、気になる部分

4　保存と印刷

保存や印刷は[ファイル]タブから行えますが、ショートカットキーを覚えると素早く行えるためおススメです。
- 印刷は Ctrl + P
- 保存は Ctrl + S

テーマ
1
発展

Excelの基本操作

写真購入申込集計表を作成してみよう

◆手作業で行っていた集計が関数を利用することで自動化され便利に利用できるようになります。

3つのポイント

★さらに分かりやすい表を作成してみよう
★便利な関数を使ってみよう
★相対参照と絶対参照をしっかりと理解しよう

1. 入力の基本を
   振り返ってみよう

2. 相対参照と絶対参照を
   理解しよう

お手本

写真購入申込集計表

写真代＠　110 円/枚

クラス名	No.1	No.2	No.3	No.4	No.5	No.6	No.7	No.8	No.9	No.10	合計	写真代計
ひよこ			5		4				5	2	16	1,760
りす	3		8	4		6		3			24	2,640
うさぎ	6	7		1		4		4		4	26	2,860
こあら	2		2	3			5		2	4	18	1,980
ぱんだ	1	3		1	1	6		3			15	1,650
ぞう	6		4	5	1		2	5		7	30	3,300
合計枚数	18	10	19	14	6	16	7	15	7	17	129	
平均枚数	3.6	5	4.75	2.8	2	5.333	3.5	3.75	3.5	4.25	21.5	
最大	6	7	8	5	4	6	5	5	5	7	30	3,300
最小	1	3	2	1		4	2	3	2	2	15	1,650
クラス数	6											

3. 便利な関数を使おう

4. 複雑な罫線や色を
   使ってみよう

写真購入申込集計表 .xlsx
次頁から使用します

1．入力の基本を振り返ってみよう

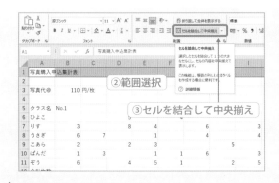

1　タイトルを表の中央へ

①[写真購入申込集計表]のファイルを開きましょう。②セル[A1〜M1]をドラッグし、③[セルを結合して中央揃え]をクリックします。④タイトルの文字のサイズを適宜拡大します。

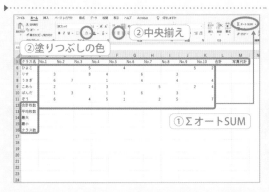

2　オートフィルの利用

①セル[B5]をクリックします。②セル[B5]のフィルハンドルをセル[K5]までドラッグします（p.98参照）。

Point　自動的にNo.が表示されます。

3　合計の算出と中央揃え

隣接する数値群の合計は、まとめて行うことができます（p.97参照）。

①セル[B6〜L12]をドラッグし[ΣオートSUM]をクリックします。②セル[A5〜M5][A12〜A16]にそれぞれ[中央揃え]と[塗りつぶしの色]を[青,アクセント5]に変更します。

4　罫線を引く

太線や点線、二重線を含む複雑な罫線も段階を踏めば簡単です。

①セル[A3〜C3]をドラッグし[罫線]の[下二重罫線]をクリックします。②セル[A5〜M15]をドラッグし[罫線]の[格子]をクリックします。③同様に[A16〜B16]も行います。

Point　複雑な罫線は最後に行います。

2．相対参照と絶対参照を理解しよう

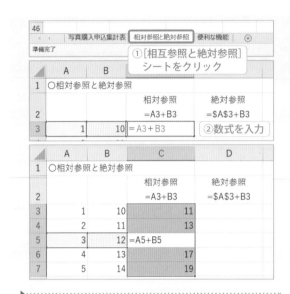

1 相対参照とは

相対参照とは、セル位置を相対的に参照する形式のため、コピーを行うと自動的に調整されます。ここでは[相対参照と絶対参照]シートを用いて説明します。

①[相対参照と絶対参照]シートをクリックします。②セル[C3]をクリックし「＝ A3 ＋ B3」と入力します。③セル[C3]をセル[C4 ～ C7]へコピーします。

Point [C4 ～ C7]はセル番地が自動で調整されます。

2 絶対参照とは

絶対参照とは、特定の位置にあるセルを必ず参照する形式です。

①セル[D3]をクリックし「＝$A$3＋B3」を入力します。②セル[D3]をセル[D4 ～ D7]へコピーします。

Point 「＄」を入れることで、常にそのセルを参照するように固定されます。

3 絶対参照で計算

[写真購入申込集計表]シートをクリックし、絶対参照を行ってみましょう。1枚当たりの写真代（写真代@）として必ずセル[B3]を参照します（絶対参照）。写真代計は 合計×写真代@ のため、①セル[M6]をクリックし「＝L6＊$B$3を入力」します。②セル[M6]をセル[M7 ～ M11]へコピーします。

3．便利な関数を使おう

1　関数の利用

関数とは、定型の計算を行ったり条件に合う処理を行ったりと手間のかかる計算や処理を簡単に行うための機能です。よく使う関数は Σ、その他の関数は *fx* をクリックして関数を選択します。

2　Σ（よく使う関数）の利用

よく使う関数は Σ ボタン横の ・ をクリックすると簡単に利用することができます。

ここでは［合計］を始め、［平均］［数値の個数］［最大値］［最小値］が用意されています。

※ ・ ではなく Σ を直接クリックすると［合計］が自動的に選択されます。

3　AVERAGE関数の利用

平均はAVERAGE関数を利用します。

①セル［B13］をクリックし Σ →［平均］を選択します。②セル［B6 ～ B11］をドラッグし Enter を押します。

4　MAX・MIN関数の利用

指定したセルの最大値を自動で表示するにはMAX関数、最小値を表示するにはMIN関数を利用すると便利です。

①セル［B14］をクリックし Σ →［最大値］を選択します。②セル［B6 ～ B11］をドラッグし Enter を押します。同様にセル［B15］をクリックし Σ →［最小値］を選択します。④セル［B6 ～ B11］をドラッグし Enter を押します。

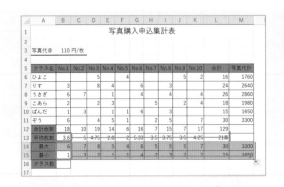

<table>
<tr><th></th><th>A</th><th>B</th><th>C</th><th>D</th><th>E</th><th>F</th><th>G</th><th>H</th><th>I</th><th>J</th><th>K</th><th>L</th><th>M</th></tr>
<tr><td>1</td><td colspan="13">写真購入申込集計表</td></tr>
<tr><td>2</td><td></td><td></td><td></td><td></td><td></td><td></td><td></td><td></td><td></td><td></td><td></td><td></td><td></td></tr>
<tr><td>3</td><td>写真代＠</td><td></td><td>110 円/枚</td><td></td><td></td><td></td><td></td><td></td><td></td><td></td><td></td><td></td><td></td></tr>
<tr><td>4</td><td></td><td></td><td></td><td></td><td></td><td></td><td></td><td></td><td></td><td></td><td></td><td></td><td></td></tr>
<tr><td>5</td><td>クラス名</td><td>No.1</td><td>No.2</td><td>No.3</td><td>No.4</td><td>No.5</td><td>No.6</td><td>No.7</td><td>No.8</td><td>No.9</td><td>No.10</td><td>合計</td><td>写真代計</td></tr>
<tr><td>6</td><td>ひよこ</td><td></td><td></td><td>5</td><td></td><td>4</td><td></td><td></td><td></td><td>5</td><td>2</td><td>16</td><td>1760</td></tr>
<tr><td>7</td><td>りす</td><td>3</td><td></td><td>8</td><td>4</td><td></td><td>6</td><td></td><td>3</td><td></td><td></td><td>24</td><td>2640</td></tr>
<tr><td>8</td><td>うさぎ</td><td>6</td><td>7</td><td></td><td>1</td><td></td><td>4</td><td></td><td></td><td>26</td><td></td><td>26</td><td>2860</td></tr>
<tr><td>9</td><td>こあら</td><td>2</td><td></td><td>2</td><td>3</td><td></td><td>5</td><td></td><td>2</td><td>4</td><td></td><td>18</td><td>1980</td></tr>
<tr><td>10</td><td>ぱんだ</td><td>1</td><td>3</td><td></td><td>1</td><td>1</td><td>6</td><td></td><td>3</td><td></td><td></td><td>15</td><td>1650</td></tr>
<tr><td>11</td><td>ぞう</td><td>6</td><td></td><td>4</td><td>5</td><td>1</td><td></td><td>2</td><td>5</td><td></td><td></td><td>30</td><td>3300</td></tr>
<tr><td>12</td><td>合計枚数</td><td>18</td><td>10</td><td>19</td><td>14</td><td>6</td><td>16</td><td>7</td><td>15</td><td>7</td><td>17</td><td>129</td><td></td></tr>
<tr><td>13</td><td>平均枚数</td><td>3.6</td><td>5</td><td>4.75</td><td>2.8</td><td>2</td><td>5.33</td><td>3.5</td><td>3.75</td><td>3.5</td><td>4.25</td><td>21.5</td><td></td></tr>
<tr><td>14</td><td>最大</td><td>6</td><td>7</td><td>8</td><td>5</td><td>4</td><td>6</td><td>2</td><td>5</td><td>5</td><td>2</td><td>30</td><td>3300</td></tr>
<tr><td>15</td><td>最小</td><td>1</td><td>3</td><td>2</td><td>1</td><td>1</td><td>4</td><td>2</td><td>3</td><td>5</td><td>2</td><td>15</td><td>1650</td></tr>
<tr><td>16</td><td>クラス数</td><td></td><td></td><td></td><td></td><td></td><td></td><td></td><td></td><td></td><td></td><td></td><td></td></tr>
<tr><td>17</td><td></td><td></td><td></td><td></td><td></td><td></td><td></td><td></td><td></td><td></td><td></td><td></td><td></td></tr>
</table>

5　平均枚数、最大、最小のコピー

平均枚数、最大、最小をオートフィルを使って完成します。

①セル[B13]をクリックし、フィルハンドルをセル[L13]までドラッグします。

②セル[B14 ～ 15]をドラッグし、フィルハンドルを[M]列までドラッグすることで、まとめて行うこともできます。

6　ƒx（その他の関数）の利用

Σにない[その他の関数]は、Σ→[その他の関数]またはƒxにて利用することができます。

①[関数の検索]に関数名や機能を入力し検索開始すると、対応する関数が③[関数名]に表示されます。「ふりがな」や「平均」で検索してみてください。

②[関数の分類]から任意の分類を選択すると対応する関数が③[関数名]に表示されます。③で選択した関数の説明は、④に表示されます。

7　COUNTA関数の利用

空白ではないセルの個数を数えるにはCOUNTA関数を利用します。

①セル[B14]をクリックしΣ→[その他の関数]またはƒxを選択します。②関数の分類]→[統計]、[関数名]→[COUNTA]を選択し[OK]を押します。③[値1]のデータを消し、セル[A6 ～ A11]をドラッグし、OKを押します。

4. 複雑な罫線や色を使ってみよう

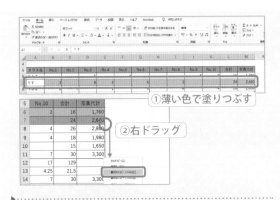

①薄い色で塗りつぶす

②右ドラッグ

1 縞模様に塗り分ける

表は縞模様に塗り分けると読みやすくなります。①セル[A7 ～ M7]をドラッグし、見出しより薄い色で塗りつぶします（p.96参照）。②セル[A6 ～ H7]をドラッグしフィルハンドルを行11まで右ドラッグします。③[書式のみコピー]をクリックします。

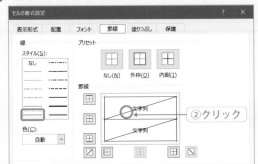

②クリック

2 セルに斜線を引く

①セル[M12 ～ M13]をドラッグし[罫線]→[その他の罫線]を選択します。

②左図の通り線種を選択後、[罫線]の斜め罫線をクリックし[OK]を押します。

3 罫線は分解して引く

①セル[A5 ～ M11]［A12 ～ M15]をドラッグしそれぞれ[罫線]→[太い外枠]を選択します。

Point 複雑な罫線は1回で完成させようと考えず、分解して考えるとよいでしょう。

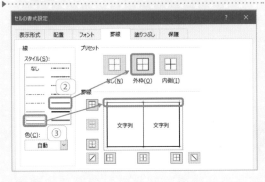

②

③

4 線の仕上げ

①セル[A16 ～ B16]の上罫線は細く、その他は太いので、[罫線]→[その他の罫線]を選択します（p.96参照）。

②太線を選択後[外枠]をクリックします。

③細線を選択後、右のイメージ内の対象の線をクリックし[OK]を押します。

Excelの応用操作

園児名簿を作成しよう

◆すでにあるデータに足りない情報を追加してみましょう。

3つのポイント

★ふりがなを表示したり編集したりしよう
★文字列をつなげてみよう
★さまざまな表示形式を自由に変更してみよう

お手本

1. 列を操作しよう

2. ふりがなを表示しよう

クラス	姓	セイ	名	メイ	氏名		性別	生年月日	住所	電話番号
うさぎ	阿部	アベ	晴	ハル	阿部	晴	男	H30.04.06	浜松市中区AA11-9	001-234-0043
うさぎ	遠藤	エンドウ	万穂	マホ	遠藤	万穂	女	H30.06.13	浜松市中区AB11-13	001-234-0006
うさぎ	久保	クボ	聖奈	セイナ	久保	聖奈	女	H30.04.08	浜松市中区CZ7-1	001-234-0010
うさぎ	江原	エハラ	優香	ユウカ	江原	優香	女	H30.12.19	浜松市中区DF3-2	001-234-0049
うさぎ	佐藤	サトウ	優	ユウ	佐藤	優	女	H30.05.10	浜松市中区AS4-2	001-234-0015
うさぎ	山田	ヤマダ	未来	ミク	山田	未来	男	H30.04.11	浜松市中区AF12-5	001-234-0039
うさぎ	小林	コバヤシ	奈月	ナツキ	小林	奈月	女	H30.12.11	浜松市中区AE8-13	001-234-0012
うさぎ	植田	ウエタ	花音	カノン	植田	花音	女	H30.08.13	浜松市中区SF7-11	001-234-0048
うさぎ	杉山	スギヤマ	美羽	ミウ	杉山	美羽	女	H30.04.14	浜松市中区DB2-10	001-234-0018
うさぎ	石輪	イシワ	萌花	モエカ	石輪	萌花	女	H30.06.01	浜松市中区AC9-12	001-234-0044
うさぎ	太田	オオタ	珠美	タマミ	太田	珠美	女	H30.04.16	浜松市中区FD3-2	001-234-0007
うさぎ	土屋	ツチヤ	百華	モモカ	土屋	百華	女	H30.10.03	浜松市中区BA4-13	001-234-0022
うさぎ	梅澤	ウメザワ	悠	ユウ	梅澤	悠	男	H30.04.18	浜松市中区CE10-7	001-234-0005
うさぎ	平林	ヒラバヤシ	莉穂	リホ	平林	莉穂	女	H30.11.03	浜松市中区AS4-6	001-234-0030
うさぎ	名波	ナナミ	美鈴	ミレイ	名波	美鈴	女	H31.01.20	浜松市中区AB3-2	001-234-0026
うさぎ	鈴木	スズキ	結衣	ユイ	鈴木	結衣	女	H31.02.24	浜松市中区CE6-6	001-234-0019
うさぎ	和田	ワダ	芳樹	ヨンナ	和田	芳樹	男	H30.09.08	浜松市中区DF2-11	001-234-0041
こあら	稲田	イナダ	奈々	ナナ	稲田	奈々	女	H29.05.08	浜松市中区DB4-16	001-234-0047
こあら	河野	コウノ	しずく	シズク	河野	しずく	女	H29.11.03	浜松市中区AS11-0	001-234-0011
こあら	近藤	コンドウ	有紗	アリサ	近藤	有紗	女	H29.12.24	浜松市中区FD5-5	001-234-0013
こあら	高松	タカマツ	悠	ユウ	高松	悠	男	H29.08.06	浜松市中区BA12-11	001-234-0021
こあら	細川	ホソカワ	琴音	コトネ	細川	琴音	女	H29.04.09	浜松市中区CE3-2	001-234-0032
こあら	若林	ワカバヤシ	愛海	アイミ	若林	愛海	女	H30.02.18	浜松市中区AS6-3	001-234-0040
こあら	上野	ウエノ	加恵	カエ	上野	加恵	女	H29.04.18	浜松市中区AB1-7	001-234-0004

3. 文字列をつなげてみよう

4. セルの表示形式を
変更してみよう

5. その他の便利な
関数を使ってみよう

E

園児名簿.xlsx
次頁から使用します

1．列を操作しよう

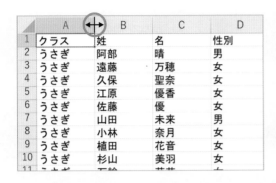

	A	B	C	D
1	クラス	姓	名	性別
2	うさぎ	阿部	晴	男
3	うさぎ	遠藤	万穂	女
4	うさぎ	久保	聖奈	女
5	うさぎ	江原	優香	女
6	うさぎ	佐藤	優	女
7	うさぎ	山田	未来	男
8	うさぎ	小林	奈月	女
9	うさぎ	植田	花音	女
10	うさぎ	杉山	美羽	女
11	うさぎ			女

①まとめてドラッグ
②ダブルクリックまたはドラッグで調整

①右クリック
②右クリック

1　列幅の調整（マウスによる操作）

①［園児名簿］のファイルを開きましょう。

②列幅を変更したい境界線にマウスを合わせると左図のようになります。③自動調整する場合はダブルクリック、任意のサイズに調整する場合はドラッグします。

（Point）自動調整の場合、その行・列にあるデータの最大サイズに調整されます。

2　複数列幅の調整

列幅は、まとめて調整することも可能です。①まとめて操作したい列番号をドラッグします。②ダブルクリックまたはドラッグで調整できますが、ドラッグした場合は全て同じサイズになります。

3　列の挿入

①列番号Cを右クリックします。②［挿入］をクリックすると列が挿入されます。③列番号E・Fをドラッグし、同様に右クリックし［挿入］を選択すると列Eの前に2列挿入されます。

（Point）行の挿入も同様に行番号で行えます。

4　列操作の注意点

列の自動調整を行うとセル内の余白が目立つことがあります。Windowsでは画面表示と印刷が必ずしも一致しないことによるものなので、狭くしたりしないようにしてください。

２．ふりがなを表示しよう

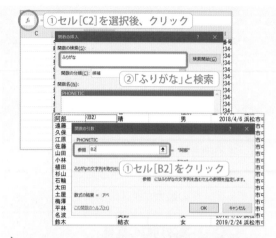

1　ふりがなを別のセルに表示

①セル[C2]をクリックし、数式バー左にある*fx*をクリックします。

②[関数の検索]で「ふりがな」と検索しPHONETICを選択、[OK]をクリックします。

③参照からセル[B2]をクリックしOKを押します。

④セル[C2]を[C51]まで、コピーします。

⑤列番号Eも同様に設定します。

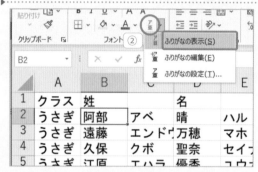

2　ふりがなを同一セルに表示

①セル[B2]をクリックし[フォント]グループの②[ふりがなの表示]を選択します。

(Point) ふりがなをカタカナからひらがな等にする場合は[ふりがなの設定]で設定します。

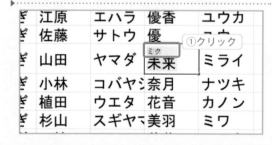

3　ふりがなの修正

ふりがなは自動的に表示されるため間違っている場合もあります。

①セル[D7]のふりがなを表示し、さらにふりがなの部分をクリックします。②「ミク」に変更します。セル[E7]も同時に修正されました。

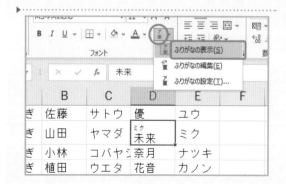

4　ふりがなを非表示にする

①ふりがなが表示されているセルを選択し[ふりがなの表示]を再度クリックすると非表示になります。

(Point) PHONETICで表示されるふりがなはこのふりがな機能を参照しています。

3．文字列をつなげてみよう

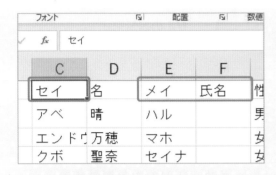

1　見出しの入力

①セル[C1]には「セイ」、セル[E1]には「メイ」、セル[F1]には「氏名」を入力します。

2　文字列の結合（関数の利用）

文字列をつなげるCONCATENATE関数を使って姓名を結合してみましょう。

①セル[F2]をクリックし、 fx で「文字列」と検索しCONCATENATEを選択します。

②左図を参考に結合したいセル[B2]とセル[D2]を入力し[OK]を押します。

(Point) 文字列2に空白を入れることで姓と名の間に空白が入ります。

3　文字列の結合

関数を使わなくても「&」を使うことにより簡単に結合できます。

①セル[F2]をクリックし「= B2 & D2」を入力します。

②セル[F2]を[F51]までコピーします。

(Point) " "（空白）を姓と名の間に挟むことで、さらに読み取りやすくなります。

= B2 & " " & D2 と入力すると[阿部　晴]となります。

4．セルの表示形式を変更してみよう

1 セルの表示形式

セルの表示形式を変更することでセルのデータを見やすくすることができます。

①列番号Hを右クリックし[セルの書式設定]を選択します。

②表示形式にて[日付]→カレンダーの種類[和暦]→[H24.3.14]を選択します。

③続いて[ユーザー定義]をクリックし種類を[[＄-ja-JP]ge.mm.dd;@]に変更し[OK]をクリックします。[サンプル]には設定した表示形式で表示されますので確認しましょう。

2 いろいろな表示形式

[表示形式]シートを使って基本的な操作を行ってみましょう。

①[表示形式]シートをクリックします。

②セル[A8]を右クリックし[セルの書式設定]を選択し[表示形式]タブを開きます。

③左図の通り[数値][小数点…]等を選択後、[OK]を押します。

[数値]だけでもさまざまな表示形式があります。いろいろ設定してみましょう。

3 特殊な表示

分類の[ユーザー定義]を活用すると、セル内のデータを修正せず[〜組]と付加し表示することができます。

①セル[A17]の書式設定を開きます。

②[ユーザー定義]の種類にて[@"組"]と入力し[OK]をクリックします。

5．その他の便利な関数を使ってみよう

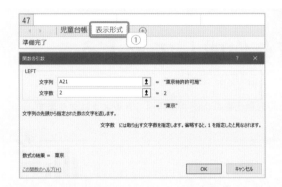

1　文字の切り出し（LEFT関数）

［表示形式］シートを使って、いろいろな関数］を体験してみましょう。

文字列の左側から指定した文字数を取り出します。①［表示形式］シートをクリックします。②セル［C21］をクリックし*fx*にて「LEFT」を検索します。③文字列［A21］、文字数［2］を入力し［OK］を押します。

2　文字の切り出し（RIGHT関数）

文字列の右側から指定した文字数を取り出します。①セル［C22］をクリックし*fx*にて「RIGHT」を検索します。②文字列［A21］、文字数［3］を入力し［OK］を押します。

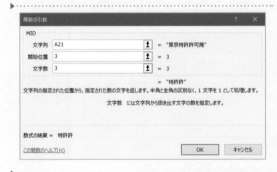

3　文字の切り出し（MID関数）

文字列の途中の文字を取り出します。

①セル［C23］をクリックし*fx*にて「MID」を検索します。②文字列［A21］、開始位置［3］、文字数［3］を入力し［OK］を押します。

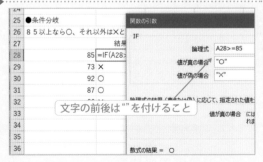

4　条件分岐

指定した条件で結果を分岐することができます。85以上なら〇、それ以外が×と表示してみましょう。①セル［B28］をクリックし*fx*にて「if」を検索します。②85以上なので論理式は［A28＞＝85］、真の場合は［"〇"］、偽の場合は［"×"］を入力しOKを押します。

Point　結果を何も表示しないのであれば、""（ダブルクォート）とします。

111

クラス集計表を作成してみよう

◆手作業で行っていた集計が関数を利用することで自動化され、便利に利用できるようになります。

3つのポイント

★他のシートのデータを利用してみよう
★さらに便利な関数を使ってみよう
★児童台帳から自動で人数を数え、表示してみよう

1. 別のシートのデータを扱ってみよう

2. ドロップダウンリスト を使ってみよう

3. キーワードでデータを 表示してみよう

お手本

	A	B	C	D	E	F	G
1						単位：人	
2	クラス名	年齢	クラス担任	人数			全体比
3				男児	女児	男女計	
4	うさぎ	2	望月	4	13	17	34.0%
5	こあら	3	吉田	4	12	16	32.0%
6	ぱんだ	4	加藤	5	12	17	34.0%
7	クラス数		合計	13	37	50	100.0%
8	3		平均	4.3	12.3	16.7	
9			最大	5	13	17	
10			最小	4	12	16	

4. 該当するデータを 表示してみよう①

5. 該当するデータを 表示してみよう②

クラス集計表.xlsx
次頁から使用します

1. 別のシートのデータを扱ってみよう

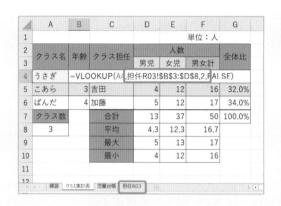

1 セルの参照について

同一シート内のセルを参照するのと同じように別のシートのデータを簡単に扱うことができます。その際、セル番地の書式は、「シート名！セル番地」となります。

いったんシートをまたぐセルの参照による計算や関数内での利用が行われると、その後シート名が変更されてもリアルタイムに計算式内のシート名が変更されます。

2 セルの参照（同一シート）

①[クラス集計表]を開き[練習]シートをクリックします。

②セル[B2]をクリックし「＝」を入力後セル[F2]をクリックし Enter を押します。

セル[B2]は「＝F2」となり「自動車」と表示されます。

③同様にセル[B3〜B6]を設定します。

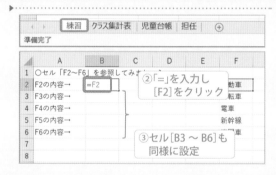

3 セルの参照（別のシート）

①セル[B10]をクリックし「＝」を入力します。

②[担任]シートをクリックし、続けてセル[D3]をクリック後 Enter を押します。

③[練習]シートに戻るとセル[B10]は「＝担任！D3」となっています。

④同様にセル[B11〜B15]を設定します。

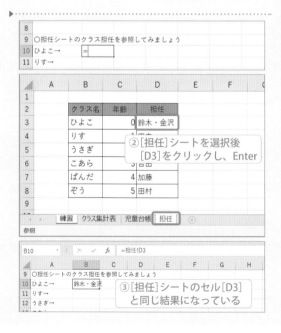

2．ドロップダウンリストを使ってみよう

1　ドロップダウンリストとは

ドロップダウンリストを設定すると、入力したい場所を選択した際ドロップダウンリストを表示しデータを選択することができます。入力する手間と入力ミスもなくなるので効率的に作業が行えます。

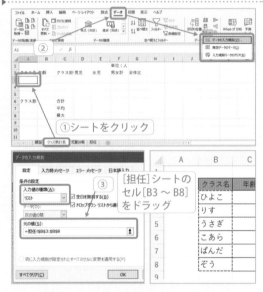

2　リストを作成する

①［クラス集計表］シートをクリックします。②セル［A3］をクリックし［データ］タブ→［データツール］グループの［データの入力規則］をクリックします。③［入力値の種類］を［リスト］に変更、［元の値］をクリックし［担任］シートのセル［B3～B8］をドラッグ後 Enter を押し［OK］をクリックします。

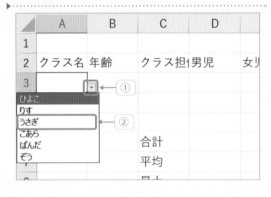

3　リストを確認と選択

①セル［A3］をクリックするとセルの右側にボタンが表示されるのでクリックします。②リストが表示されるので［うさぎ］を選択しましょう。③セル［A3］のフィルハンドルをセル［A5］までドラッグします。
④セル［A4、A5］にそれぞれ［こあら、ぱんだ］を選択します。

3．キーワードでデータを表示してみよう

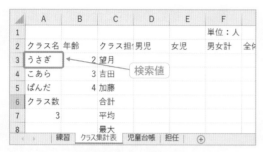

1　VLOOKUPとは

クラス名に対応するデータ（年齢、クラス担任）を担任シートから取り出しましょう。VLOOKUPは検索条件に一致するデータを指定範囲の中から探し表示してくれる関数です。数式は次のようになります。

=VLOOKUP（検索値,範囲,列番号,検索の型）
- 検索値は、検索する値
- 範囲は、検索するデータの範囲
- 列番号は、上記範囲の左から何番目を取り出したいかを指定
- 検索の型は、基本的にはFALSE（完全一致）でよい

2　年齢を表示する

①セル［B3］をクリックし *fx* からVLOOKUPを検索します（p.103参照）。②左の画面の通りに設定し［OK］をクリックします。
③セル［B4、B5］にコピーします。

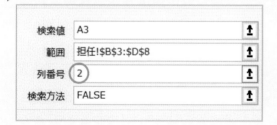

3　担任を表示する

①セル［C3］をクリックし *fx* からVLOOKUPを検索します。
②左図の通り設定し［OK］をクリックします。
③セル［C4、C5］にコピーします。

4　文字の入ったセル数を求める

文字の入ったセルの数を数えるにはCOUNTA関数を利用します（p.103参照）。
①セル［A7］をクリックし *fx* からCOUNTAを検索します。②セル［A3 ～ A5］をドラッグして［OK］を押します。

4. 該当するデータを表示してみよう①

> 児童台帳!$A:$A でも動作します

COUNTIFS

検索条件範囲1	児童台帳!$A$2:$A$51	↑	= {"うさぎ";""
検索条件1	A3	↑	= "うさぎ"
検索条件範囲2	児童台帳!$D$2:$D$51	↑	= {"男";"女"
検索条件2	"男"	↑	= "男"
検索条件範囲3		↑	= 参照

= 4

> 児童台帳!$D:$D でも動作します

COUNTIFS

検索条件範囲1	児童台帳!$A$2:$A$51	↑	= {"うさぎ";""
検索条件1	A3	↑	= "うさぎ"
検索条件範囲2	児童台帳!$D$2:$D$51	↑	= {"男";"女"
検索条件2	"女"	↑	= "女"

= 13

> 修正する箇所

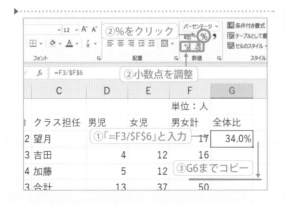

②Σオート SUM

=COUNTIFS(児童台帳!$A:$A,A3,児童台帳!$D:$D,"男")

	C	D	E	F	G	H	I	J
				単位：人				
	クラス担任	男児	女児	男女計	全体比			
2	望月	4	13	①行5までコピー				
3	吉田	4	12					
4	加藤	5	12					
3	合計							
	平均							
	最大							

---

②%をクリック
②小数点を調整
=F3/$F$6

	C	D	E	F	G
				単位：人	
	クラス担任	男児	女児	男女計	全体比
2	望月	①「=F3/$F$6」と入力		17	34.0%
3	吉田	4	12	16	
4	加藤	5	12	③G6までコピー	
3	合計	13	37	50	

1　複数の条件に合致するセル数を求める

複数の条件を満たすデータの個数を求めたい場合はCOUNTIFS関数を利用します。

①セル[D3]をクリックし*fx*からCOUNTIFSを検索します。②検索条件はセル[A3]と[男]、検索条件範囲は[児童台帳]シートの[クラス]列と[性別]列なので左図の通り設定し[OK]をクリックします。

2　コピーして修正する

基本的に同じ内容の場合はコピーして修正すると簡単です。

①セル[D3]をセル[E3]にコピーします。
②セル[E3]をクリックし*fx*を押して左図の通り修正します。

3　まとめて求める

まとめてコピーしたり合計を求めたりしてみましょう。

①セル[D3 〜 E3]をドラッグしフィルハンドルを使い、行5までコピーします。
②改めてセル[D3 〜 F6]をドラッグし[Σオート SUM]をクリックします。

4　比率を求める

全体比は 男女比÷総計 なので
①セル[G3]をクリックし =「F4/$F$6」と入力します。
②%表示で小数点以下1桁に設定します。
③セル[G6]までコピーします。

5. 該当するデータを表示してみよう②

<table>
<tr><td></td><td>A</td><td>B</td><td>C</td><td>D</td><td>E</td><td>F</td></tr>
<tr><td>1</td><td></td><td></td><td></td><td></td><td></td><td>単位：人</td></tr>
<tr><td>2</td><td>クラス名</td><td>年齢</td><td>クラス担1</td><td>男児</td><td>女児</td><td>男女計</td></tr>
<tr><td>3</td><td>うさぎ</td><td>2</td><td>望月</td><td>4</td><td>13</td><td>17</td></tr>
<tr><td>4</td><td>こあら</td><td>3</td><td>吉田</td><td>4</td><td>12</td><td>16</td></tr>
<tr><td>5</td><td>ぱんだ</td><td>4</td><td>加藤</td><td>5</td><td>12</td><td>17</td></tr>
<tr><td>6</td><td>クラス数</td><td></td><td>合計</td><td>13</td><td>37</td><td>50</td></tr>
<tr><td>7</td><td>3</td><td></td><td>平均</td><td colspan="3">=AVERAGE(D3:D5)</td></tr>
</table>

<table>
<tr><td></td><td>A</td><td>B</td><td>C</td><td>D</td><td>E</td></tr>
<tr><td>1</td><td></td><td></td><td></td><td></td><td></td></tr>
<tr><td>2</td><td>クラス名</td><td>年齢</td><td>クラス担1</td><td>男児</td><td>女児</td></tr>
<tr><td>3</td><td>うさぎ</td><td>2</td><td>望月</td><td>4</td><td>13</td></tr>
<tr><td>4</td><td>こあら</td><td>3</td><td>吉田</td><td>4</td><td>12</td></tr>
<tr><td>5</td><td>ぱんだ</td><td>4</td><td>加藤</td><td>5</td><td>12</td></tr>
<tr><td>6</td><td>クラス数</td><td></td><td>合計</td><td>13</td><td>37</td></tr>
<tr><td>7</td><td>3</td><td></td><td>平均</td><td>4.3</td><td></td></tr>
<tr><td>8</td><td></td><td></td><td>最大</td><td colspan="2">=MAX(D3:D5)</td></tr>
</table>

<table>
<tr><td>令</td><td>クラス担任</td><td>男児</td><td>女児</td><td>男女計</td><td>全体比</td></tr>
<tr><td>2</td><td>望月</td><td>4</td><td>13</td><td>17</td><td>34.0%</td></tr>
<tr><td>3</td><td>吉田</td><td>4</td><td>12</td><td>16</td><td>32.0%</td></tr>
<tr><td>4</td><td>加藤</td><td>5</td><td>12</td><td>17</td><td>34.0%</td></tr>
<tr><td>3</td><td>合計</td><td>①ドラッグ</td><td>37</td><td>50</td><td>100.0%</td></tr>
<tr><td></td><td>平均</td><td>4.3</td><td>12.3</td><td>16.7</td><td></td></tr>
<tr><td></td><td>最大</td><td>5</td><td>②列Fまでコピー</td><td></td><td></td></tr>
<tr><td></td><td>最小</td><td>4</td><td></td><td>16</td><td></td></tr>
</table>

<table>
<tr><td></td><td>A</td><td>B</td><td>C</td><td>D</td><td>E</td><td>F</td><td>G</td></tr>
<tr><td>1</td><td></td><td></td><td></td><td></td><td></td><td></td><td>単位：人</td></tr>
<tr><td>2</td><td rowspan="2">クラス名</td><td rowspan="2">年齢</td><td rowspan="2">クラス担任</td><td colspan="3">人数</td><td rowspan="2">全体比</td></tr>
<tr><td>3</td><td>男児</td><td>女児</td><td>男女計</td></tr>
<tr><td>4</td><td>うさぎ</td><td>2</td><td>望月</td><td>4</td><td>13</td><td>17</td><td>34.0%</td></tr>
<tr><td>5</td><td>こあら</td><td>3</td><td>吉田</td><td>4</td><td>12</td><td>16</td><td>32.0%</td></tr>
<tr><td>6</td><td>ぱんだ</td><td>4</td><td>加藤</td><td>5</td><td>12</td><td>17</td><td>34.0%</td></tr>
<tr><td>7</td><td>クラス数</td><td></td><td>合計</td><td>13</td><td>37</td><td>50</td><td>100.0%</td></tr>
<tr><td>8</td><td>3</td><td></td><td>平均</td><td>4.3</td><td>12.3</td><td>16.7</td><td></td></tr>
<tr><td>9</td><td></td><td></td><td>最大</td><td>5</td><td>13</td><td>17</td><td></td></tr>
<tr><td>10</td><td></td><td></td><td>最小</td><td>4</td><td>12</td><td>16</td><td></td></tr>
</table>

1 平均を求める

①セル[D7]をクリックし Σ →[平均]をクリックします（p.103参照）。
②セル[D3～D5]をドラッグし Enter を押します。
③小数点以下1桁に設定します。

2 最大・最小を求める

①セル[D8]をクリックし Σ →[最大値]をクリックします。
②続けてセル[D3～D5]をドラッグし Enter を押します。
③セル[D9]をクリックし Σ →[最小値]をクリックします。
④続けてセル[D3～D5]をドラッグし Enter を押します。

3 まとめてコピーする

①セル[D7～D9]をドラッグします。
②フィルハンドルを使い、列Fまでコピーします。
（Point）コピーすると小数点桁数等の書式設定もコピーされます。

4 完成する

左図を参考に表を完成しましょう。
①行2に1行挿入します（p.103参照）。
② セル[A2とA3、B2とB3、C2とC3、D2～F2、G2とG3]をそれぞれ結合します。
（Point）複雑な罫線や色は1回で完成しようとせず、分割して行いましょう。

データベースとピボットテーブル

園児名簿を検索してみよう

◆Excelのデータベース（テーブル機能）を利用すると大量のデータから希望する情報を抽出したり並べ替えたりすることが簡単にできます。

3つのポイント

★データベースを学ぼう

★データの並べ替えを学ぼう

★データの抽出を学ぼう

お手本

1. データベースとは？

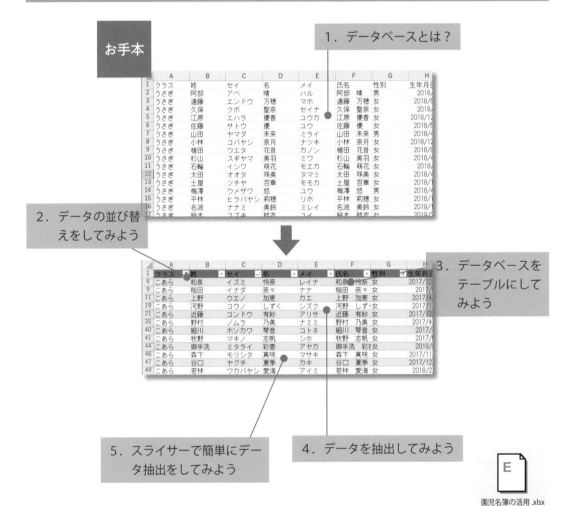

2. データの並び替えをしてみよう

3. データベースをテーブルにしてみよう

5. スライサーで簡単にデータ抽出をしてみよう

4. データを抽出してみよう

E

園児名簿の活用 .xlsx
次頁から使用します

1. データベースとは？

1　データベースとは

例題の園児名簿では誰がどのクラスに属しているのか、姓や名は何でどこに住んでいるのかなど、一人ひとりの情報が大量に集まっています。このデータ群全体をデータベースと呼びます。

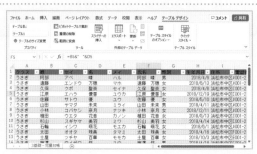

2　テーブルとは

Excelではデータベースを簡単に扱うことができるテーブルに変換することでデータを手軽に扱える機能が利用でき、データの追加や条件による抽出がしやすくなります。

3　何ができるの

データの並び替えを一瞬で行える並び替え機能や大量のデータの中から希望のデータを取り出すフィルター機能、大量のデータを集計する機能など便利な機能が簡単に利用できます。

4　データベースを便利に

データベースを用いることで次のようなことが簡単に管理できます。
・表の管理が楽になります。
・データをスクロールした際に見出しが列番号フィールドに表示されます。
・新たにデータ項目（列）を追加し数式を入力すると自動的に全ての行に反映されます。

2．データの並び替えをしてみよう

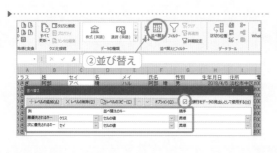

1 簡単な並び替え

セイをひらがな順に並び替えましょう。

①[園児名簿の活用]のシートを開きましょう。

②表のセル[C1]をクリックします。

③[データ]タブ→[並び替えとフィルター]グループの昇順ボタンをクリックすると[あいうえお順]に並び変わります。

Point 降順ボタンを押すと逆順になります

2 複数条件の並び替え

クラス毎でセイ順に並び替えましょう。①表内の任意のセルをクリックします。②並び替えボタンをクリックし左図の通り設定します。③[＋レベルの追加]ボタンをクリックすると、次に優先されるキーが1行追加されます。

Column　並び替えについて

Excelが並び替えを行う際、数字順、ひらがな順、アルファベット順が基本的な順番ですが、漢字は文字コード順となっているため分かりにくくなってしまいます。ただし人の名前などは入力した読み方が変換/確定する際にフリガナとして記憶されるので、並び替えではふりがな順に並び替わります。

3．データベースをテーブルにしてみよう

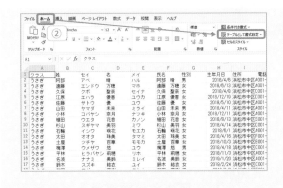

1 テーブルに変換する

①テーブルにしたいデータの任意のセルをクリックします（表全体を自動認識します）。

②[ホーム]タブ→[スタイル]グループ→[テーブルとして書式設定]の任意のスタイルをクリックします。

Point [挿入]タブ→[テーブル]グループの[テーブル]をクリックでも同様になります。

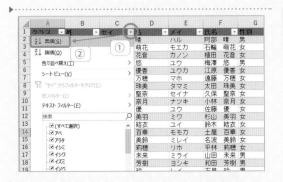

2 テーブルを使うメリット

テーブルに変換すると表が次のように使いやすくなります。

• データが縞模様になり読み取りやすい
• 項目名にフィルターボタンが表示
• 抽出や並び替えが素早く行える
• スクロールしても項目名が常に表示
• 集計が簡単

3 並び替え

セイを あいうえお順に並び替えましょう。

①セル[C1]のフィルターボタンをクリックします。

②[昇順]をクリックします。フィルターボタンを利用した並び替えは1項目のみとなります。

4 簡単なデータの抽出

こあら組を抽出してみましょう。

①セル[A1]のフィルターボタンをクリックし、こあら以外のチェックを外し[OK]をクリックします。

4. データを抽出してみよう

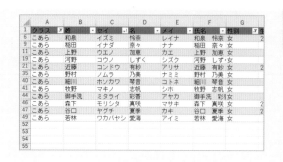

1 さらに条件を追加する

さらに女性のみを抽出してみましょう。
①セル[G1]のフィルターボタンをクリック
し、男のチェックを外し[OK]をクリックし
ます。前の条件に追加することでさらにデー
タを絞ることができます。

2 集計行を表示する

集計行を表示することで合計や平均、データ
数などが簡単に表示されます。
①[テーブルデザイン]タブ→[テーブルスタ
イルのオプション]グループの[集計行]の
チェックを押します。
②最終行に集計行が追加され、集計を変更す
ることも可能です。

3 日付の範囲を限定する

2017年4月生まれを抽出しましょう。
①セル[H1]のフィルターボタンをクリック
し、[日付フィルター]→[指定の範囲内]をク
リックします。
②[2017/4/1以降 AND 2017/4/30以前]で設
定し[OK]をクリックします。

4 抽出を解除する

設定した条件を解除するには、🔽のフィル
ターボタンをクリックし[フィルターをクリ
アを押す]、または[データ]タブ→[並び替え
とフィルター]グループの[クリア]を押して
全て解除します。

5. スライサーで簡単にデータ抽出をしてみよう

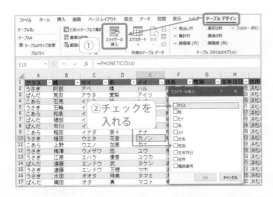

1 スライサーの表示

スライサーを使うと複雑な指定はできませんが簡単に絞り込みが行えます。

①[テーブルデザイン]タブ→[ツール]グループの[スライサーの挿入]をクリックします。

②抽出に必要な項目[クラス][性別]をチェックし[OK]をクリックします。

2 スライサーについて

指定したフィルターを素早くテーブルに反映させることができます。

①複数選択を可能にします。

②指定したフィルターをクリアします。

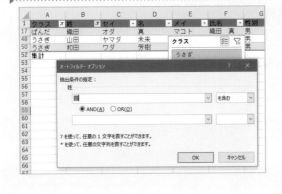

3 フィルターを指定する

①[うさぎ][男]をクリックします。

②[クラス]スライサーの[複数選択]をクリックし、[ぱんだ]を追加します。

4 さらに条件を追加する

さらに姓に「田」が含まれる人を抽出してみましょう。

①セル[B1]のフィルターボタンをクリックし、[テキストフィルター]→[指定の値を含む]をクリックします。

②[田、含む]で設定し[OK]を押します。

データベースとピボットテーブル

身長・体重を集計しよう

◆大量のデータをまとめるには大変苦労します。ピボットテーブルを使うとさまざまな集計を行ったり分析できたりします。

3つのポイント

★ピボットテーブルを学ぼう

★集計フィールドを切り替えてみよう

★どのようにデータを集計したいのかをイメージしよう

お手本

1. ピボットテーブルとは？

2. ピボットテーブルを作ってみよう

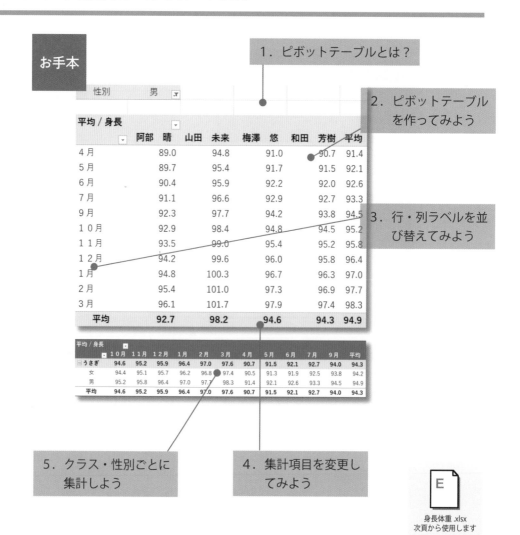

性別	男

平均 / 身長	阿部 晴	山田 未来	梅澤 悠	和田 芳樹	平均
4 月	89.0	94.8	91.0	90.7	91.4
5 月	89.7	95.4	91.7	91.5	92.1
6 月	90.4	95.9	92.2	92.0	92.6
7 月	91.1	96.6	92.9	92.7	93.3
9 月	92.3	97.7	94.2	93.8	94.5
10 月	92.9	98.4	94.8	94.5	95.2
11 月	93.5	99.0	95.4	95.2	95.8
12 月	94.2	99.6	96.0	95.8	96.4
1 月	94.8	100.3	96.7	96.3	97.0
2 月	95.4	101.0	97.3	96.9	97.7
3 月	96.1	101.7	97.9	97.4	98.3
平均	92.7	98.2	94.6	94.3	94.9

3. 行・列ラベルを並び替えてみよう

平均 / 身長	10月	11月	12月	1月	2月	3月	4月	5月	6月	7月	9月	平均
□ うさぎ	94.6	95.2	95.9	96.4	97.0	97.6	90.7	91.5	92.1	92.7	94.0	94.3
女	94.4	95.1	95.7	96.2	96.8	97.4	90.5	91.3	91.9	92.5	93.8	94.2
男	95.2	95.8	96.4	97.0	97.7	98.3	91.4	92.1	92.6	93.3	94.5	94.9
平均	94.6	95.2	95.9	96.4	97.0	97.6	90.7	91.5	92.1	92.7	94.0	94.3

5. クラス・性別ごとに集計しよう

4. 集計項目を変更してみよう

E

身長体重 .xlsx
次頁から使用します

1．ピボットテーブルとは？

1　さまざまな視点からの集計

さまざまな項目を掛け合わせて（クロスして）集計する手法をクロス集計と呼びます。Excelでクロス集計を行うときには、ピボットテーブルは欠かせません。

2　ピボットテーブルとは

大量のデータをもとにさまざまな集計を行ったり分析したりする機能です。クラス毎の男女比や月ごとの身長・体重の集計など、単なるデータの集まりを仕事で生かすための集計表に生まれ変わらせることができます。

3　完成をイメージする

どのような資料が必要で、そのためにどのような表を作成すべきかをイメージできなければ始まりません。しかしいったんイメージが決まるとピボットテーブルの作成はマウスのドラッグ＆ドロップ操作で行えるので非常に簡単です。

4　手軽に作り変えられる

たとえば［児童別の月毎平均体重］の表を［クラス別の性別毎平均体重］の表へとドラッグ＆ドロップで簡単に作り変えることができます。
簡単な操作で素早く集計ができるので、分析したいことを変化させ、さまざまな解析が可能になります。

2. ピボットテーブルを作ってみよう

1　ピボットテーブルの準備

①[身長体重]のファイルを開きましょう。

②セル[A1]をクリックし[挿入]タブ→[ピボットテーブル]を選択します。

③自動でテーブル内のデータ範囲が選択され、[新規ワークシート]が選択されているのを確認したら[OK]を押します。

2　フィールドの設定画面

画面構成は以下の通りです。

①集計元のフィールドリスト(列見出し)

([身長体重]シートの行1が表示されています)

②フィールド配置するエリアセクション

③②で指定されたフィールドで作成されるピボットテーブル

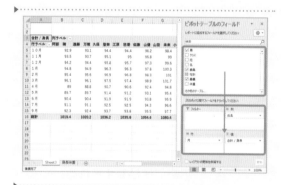

3　フィールドの設定

以下の様にフィールドリストから各エリアにドラッグし設定します。

・氏名 → 列　　　・月 → 行

・身長 → 値

4　フィルターの設定

ピボットテーブルを利用することで大量のデータがあっという間に集計されました。さらにフィルターを設定してみましょう。

①性別　→ フィルター

②セル[B1]のフィルターボタンをクリックし、[男]を選択する。

3．行・列ラベルを並び替えてみよう

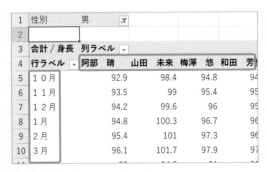

1 行・列ラベルの並び変え

作成したピボットテーブルの行・列ラベルは基本的に昇順になっています。数字やひらがな、英字は順番通りに並びますが、列Aや行4のようなデータの場合、思い通りに並ばないこともあります。

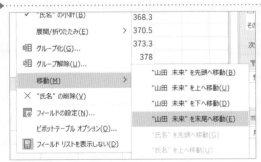

2 列ラベルの並び替え

列ラベルを自由に並び替えましょう。

①セル[C4]を右クリックします。

②[移動]→["山田 未来"を末尾へ移動]をクリックします。同様にセル[D4]を行いましょう。

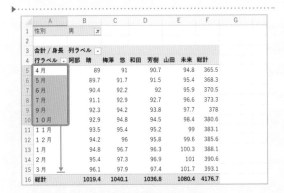

3 行ラベルの並び替え

列ラベルと同様に行ラベルも自由に並び替えが行えますが、セル[A5～A10]まで連読しているので同時に移動してみましょう。

①セル[A5～A10]をドラッグします。

②選択範囲の境界線にて ✛ になったら9月の直後までドラッグします。

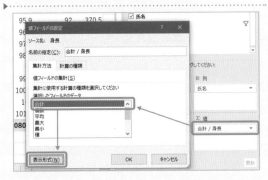

4 値フィールドの設定

初期設定では合計となっている値エリアの集計方法を変更しましょう。

①値フィールドの[合計/身長]をクリックし[値フィールドの設定]を選択しましょう。

②[合計]を[平均]に変更し、[表示形式]を[数値、小数点以下1桁]に変更し設定します。

４．集計項目を変更してみよう

1 データを絞る

表示する月を絞ってみましょう。
①行ラベルのフィルターボタンを押します。
②リストから[10月、11月]を選択します。
Point 列ラベルの操作も同様です。

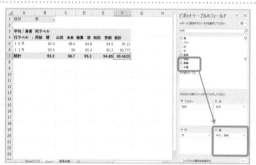

2 値フィールドの変更

値フィールドを[身長]から[体重]に変更して
みましょう。
①フィールドリストの[身長]のチェックをク
リックして外します。
②フィールドリストの[体重]を値フィールド
にドラッグし、合計から平均に変更します。

3 行列を入れ替える

行と列を入れ替えることで氏名毎月毎のデー
タに並び替えることができます。
①行フィールドの[月]を列フィールドに、列
フィールドの[氏名]を行フィールドにドラッ
グします。

	A	B	C	D
1	性別	男		
2				
3	平均 / 体重			
4		10月	11月	平均
5	阿部　晴	14.1	14.2	14.2
6	山田　未来	15.5	15.6	15.55
7	梅澤　悠	16.6	16.7	16.65
8	和田　芳樹	14	14.1	14.05
9	平均	15.05	15.15	15.1
10				

4 表を整える

左図を参考に見栄え良く修正しましょう。
①セル[A1、B1、A9、B4～D4]をそれぞれ
中央揃えにします。
②セル[A9]をクリックし[総計]を[平均]に
変更します。
③セル[A4、B3]を空白に変更します。
④セルの横幅を整えます。

5．クラス・性別ごとに集計しよう

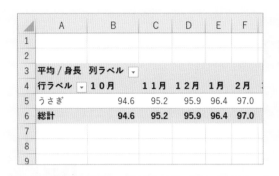

1　ピボットテーブルの準備

①ピボットテーブルを準備します（p.126参照）。

②フィールドリストの各フィールドを各エリアにドラッグします。

- 月 → 列　　・クラス → 行
- 身長 → 値（平均、小数点以下1桁）

2　詳細なデータを表示する

①フィールドリストの［性別］を行エリアの［クラス］の下にドラッグします。

Point　［クラス］の上にドラッグすると性別毎クラス毎月毎の表になります。

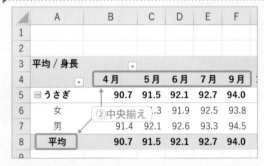

3　表を整える

左図を参考に見栄え良く修正しましょう。

①セル［A8、B4 〜 M4］をそれぞれ中央揃え、セル［A8］の「総計」を「平均」に変更します。

②セル［A4、B3］を空白に変更します。

③セルの横幅を整えます。

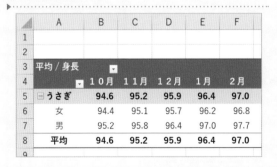

4　より分かりやすくする

適切に色を配色することで表をより読み取りやすくしましょう。

［デザイン］タブ→［ピボットテーブルスタイル］グループ→［薄い青、ピボットスタイル（中間） 9］をクリックします。

グラフの種類と作成

◆Excelには縦棒グラフや折れ線グラフのようにさまざまなグラフが用意されています。

3つのポイント

★グラフの種類と用途を学ぼう
★グラフ要素を変更しよう
★数値軸の最大値・最小値の変化でどのような印象を受けるか学ぼう

お手本

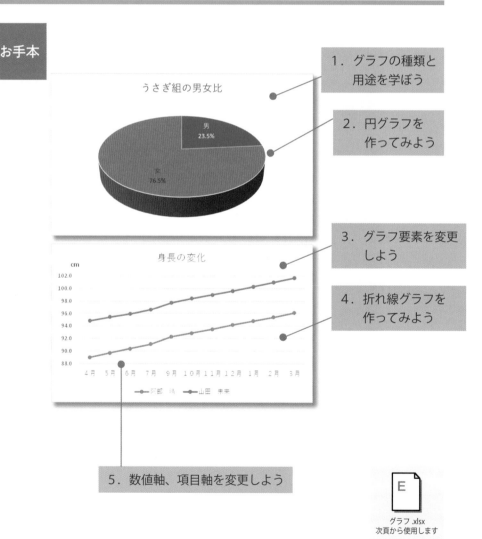

1. グラフの種類と
   用途を学ぼう

2. 円グラフを
   作ってみよう

3. グラフ要素を変更
   しよう

4. 折れ線グラフを
   作ってみよう

5. 数値軸、項目軸を変更しよう

E

グラフ .xlsx
次頁から使用します

1．グラフの種類と用途を学ぼう

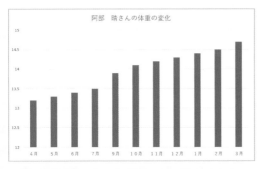

1　棒グラフ

棒グラフは、量の大小を比較したいときに使います。時系列で並ぶデータの場合は縦棒グラフ、項目名が長い場合には横棒グラフにすると読みやすくなります。

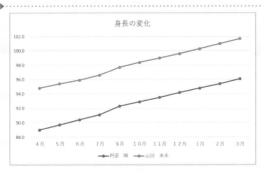

2　折れ線グラフ

折れ線グラフは、量の変化を見るときに使います。数値軸の変更によりグラフが与える印象を効果的に変えることができます。

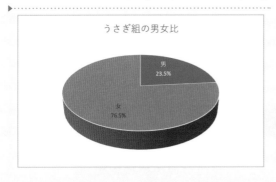

3　帯グラフ、円グラフ

帯グラフは、割合の変化を比較したいときに使います。

円グラフは、全体を100％としたときの各項目の割合を表すのに使います。

より正確に比較表現する場合は、帯グラフを使いましょう。

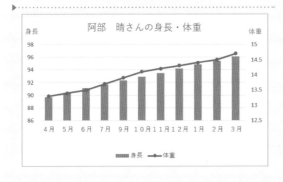

4　複合グラフとその他

複合（組み合わせ）グラフは縦棒グラフと折れ線グラフが混在するグラフです。1つのグラフで異なる情報を与えることができるグラフです。

他にレーダーチャートや散布図、等高線、バブルなどのグラフがあります。

2．円グラフを作ってみよう

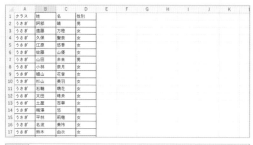

うさぎ組の男女比をグラフにしてみましょう。まずはグラフを作成するための表を作成します。
①［グラフ］のファイルを開き［名簿］シートを開きましょう。②左の画面を参考に表を作成します。③セル［B22］をクリックし「＝COUNTIF（$D$2：$D$18,A22）」を入力します。④セル［B22］をセル［B23］へコピーします。

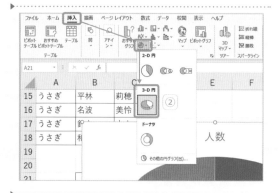

2 円グラフを作る

全体での男女比をグラフ化したいので円グラフを作成します。
①セル［A21 〜 B23］をドラッグします。
②［挿入］タブ→［グラフ］グループの［3-D円］をクリックします。

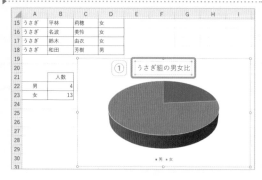

3 タイトルの変更

①グラフ中のタイトルを［うさぎ組の男女比］に変更します。
全体での男女それぞれの割合が表示されていませんが、［3.グラフ要素を変更しよう］で学びましょう。

3．グラフ要素を変更しよう

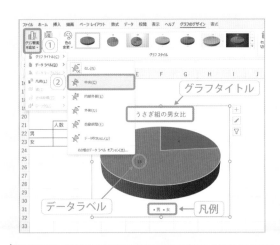

1　グラフ要素の変更

①[グラフのデザイン]タブ→[グラフのレイアウト]グループ→[グラフ要素を追加]をクリックします。

②[データラベル]→[中央]をクリックします。

③主なグラフ要素は以下の通りです。

- グラフタイトル　・データラベル
- 凡例

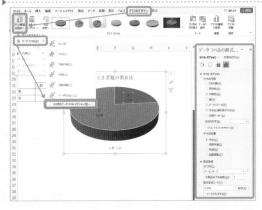

2　データラベルの変更

グラフの中で値や分類名、パーセントなどを組み合わせて表示できます。

①[グラフのデザイン]タブ→[グラフのレイアウト]グループ→[グラフ要素を追加]をクリックします。

②[データラベル]の[その他のデータラベルオプション]を選択します。

③画面右側に表示された[データラベル書式設定]にて[分類名、パーセンテージ、引き出し線を表示する]以外のチェックを外し、[表示形式]は[パーセンテージ、小数点以下1桁]にします。

3　凡例の変更

データラベルで分類名を表示したため凡例は必要なくなりました。

①[グラフ要素を追加]をクリックし[凡例]を[なし]にします。

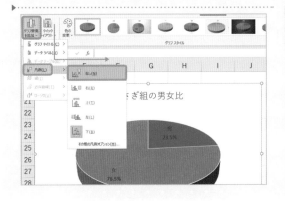

4．折れ線グラフを作ってみよう

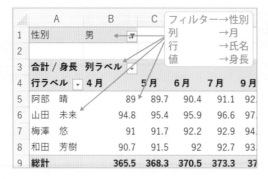

1　集計する

折れ線グラフを作成するための表を作成します。①[身長体重]シートを開きましょう。②左の画面を参考にピボットテーブル（p.124参照）を使って表を作成します。③月のラベルを4月～3月に変更します（p.127参照）。

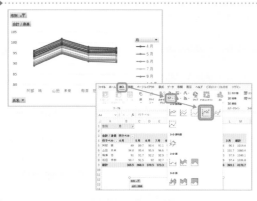

2　折れ線グラフを作る

セル[A4～L8]をドラッグし[マーカー付き折れ線グラフ]を作成します。

Point [ピボットテーブル分析]タブ→[ツール]グループ→[ピボットグラフ]でも同様に作成できます。

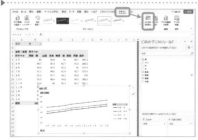

3　行/列の切り替え

毎月の身長の伸びを折れ線グラフにしたいのでX軸と凡例を入れ替えましょう。

①[デザイン]→[行/列の切り替え]をクリックします。

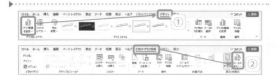

4　グラフを整える

①[デザイン]タブ→[グラフのレイアウト]グループ→[グラフ要素の追加]をクリックし、以下を追加・変更します。

- タイトル　　身長の変化
- 凡例　下

②[ピボットグラフ分析]タブ→[表示/非表示]グループ→[フィールドボタン]の[すべて非表示]をクリックします。

5．数値軸、項目軸を変更しよう

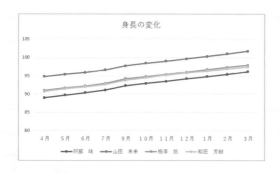

1　数値軸、項目軸とは

数値軸とは数値の変化量を示す軸で、通常グラフのY軸のことを指します。

一方、項目軸とは項目が並ぶ軸で、X軸のことを指します。

Excelでは自動調整され作成されますが、自由に設定することも可能です。

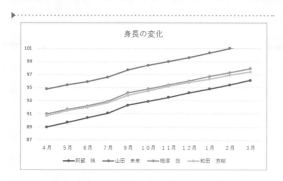

2　数値軸を変更することによる変化

数値軸の最小値/最大値を変更することで与える印象が変化します。

例えば数値のわずかな変動を細かく見せたい場合は軸の最小値と最大値を近づけ、逆に細かな変動が必要なければ最小値と最大値を広げることでフラットな印象にすることができます。

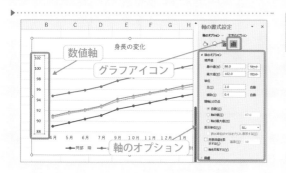

3　数値軸の変更

数値軸の数値を右クリックし[軸の書式設定]→グラフアイコン→[軸のオプション]から以下を設定します。

・最小値　　88　　　・最大値　　102

(Point) リセットで元の数値（自動）に戻せます。

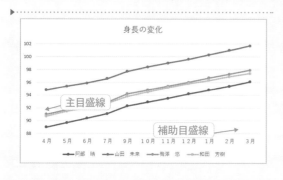

4　補助目盛線の追加

補助目盛線を適切に追加することにより数値軸をより細かく読み取ることが可能になります。

①[デザイン]→[グラフのレイアウト]→[グラフ要素を追加]→[目盛線]→[第1補助横軸]をクリックします。

②補助線も数値軸の設定と同じです。

複雑なグラフと印刷をしてみよう

◆異なる種類のデータ（グラフ）を組み合わせて1つのグラフにしたものを複合グラフと言います。ここでは身長と体重の複合グラフを作成し印刷してみましょう。

3つのポイント

★複合グラフを学ぼう
★絵グラフの作成方法を学ぼう
★グラフの印刷を学ぼう

お手本

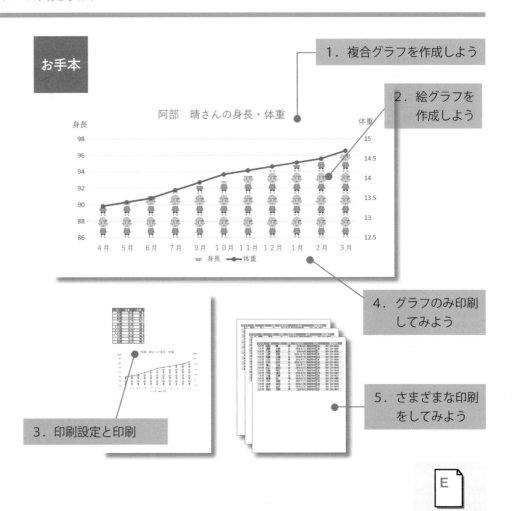

1．複合グラフを作成しよう

2．絵グラフを
　作成しよう

4．グラフのみ印刷
　してみよう

5．さまざまな印刷
　をしてみよう

3．印刷設定と印刷

E

身長体重 .xlsx
次頁から使用します

1．複合グラフを作成しよう

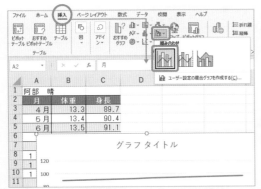

1 グラフを作る

①[複雑なグラフ]のファイルを開き[阿部晴]のシートを開きましょう。②セル[A1～C12]をドラッグし[挿入]タブ→[グラフ]グループ→[複合グラフの挿入]の[集合縦棒・折れ線]をクリックします。

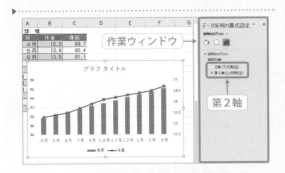

2 グラフの変更

体重を折れ線グラフ、身長を棒グラフにしたいので、①[グラフのデザイン]タブ→[種類]グループ→[グラフの種類の変更]をクリックします。②体重を[マーカー付き折れ線]に、③身長を[集合縦棒]に変更します。

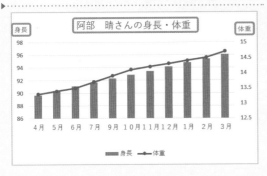

3 軸の変更

異なる種類のデータを1つのグラフで扱うと読み取りにくいグラフになってしまうため、第2軸を追加します。
①折れ線グラフを右クリックし[データ系列の書式設定]を選択します。②作業ウィンドウオプションの[第2軸]をクリックします。

4 表を整える

- タイトル　阿部　晴さんの身長・体重
- 軸ラベル→第1縦軸　　身長
- 軸ラベル→第2縦軸　　体重
と入力します。

2．絵グラフを作成しよう

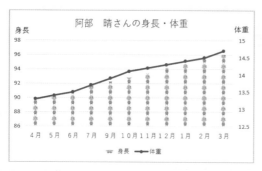

1　絵を準備する

縦棒グラフをイラスト等で塗りつぶすことが可能です。インターネット等を利用して画像を準備しましょう。

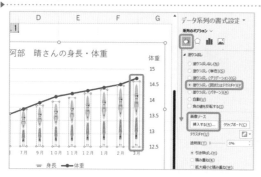

2　イラストで塗りつぶす

①縦棒グラフを右クリックし[データ系列の書式設定]→[塗りつぶしと線]から[塗りつぶし(図またはテクスチャ)]を選択します。②[挿入する]→[ファイルから]をクリックし画像を選択します。

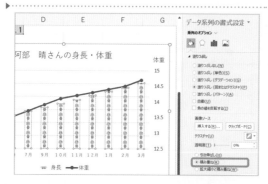

3　画像を調整する

画像を挿入すると各グラフに対して縦長に引き延ばされ表示されます(引き伸ばし)。
もとの画像比率で表示するには[積み重ね]をクリックします。

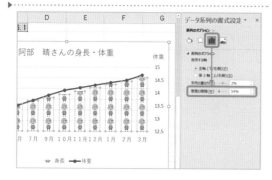

4　棒の幅を変える

幅が狭いと画像が小さく分かりづらいので、①グラフアイコン→[要素の間隔]を小さくします。リアルタイムに表示が変化するので、確認しながら決めることができます。
②いずれかのセルをクリックします。

3．印刷設定と印刷

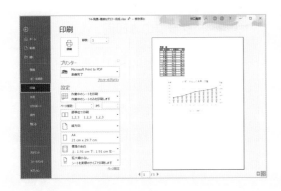

1 印刷について

Excelでは、特に指定がない場合、印刷はシート毎に行われます。Wordと違いカスタマイズ次第で1ページの印刷範囲をある程度自由に変えることができます。

①[ファイル]タブ→[印刷]をクリックします（または Ctrl ＋ P ）。画面右側にプレビューが表示されます。

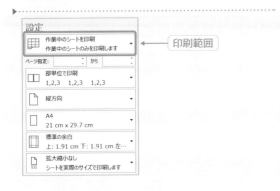

印刷範囲

2 設定－印刷範囲

印刷設定を見てみましょう（基本部分はWordと同じなので省略します）。

•印刷範囲を設定します。作業中のシートまたはブック全体、選択した範囲のいずれかを選択します。

（Point）変更して確認してみましょう。

ページ内のサイズ

3 設定－ページ内のサイズ

ページ内のサイズを設定します。1ページにどのようにサイジングするか設定することで自動的に拡大縮小します。またシート毎に自動的に調整されます

（Point）[ブック全体を印刷]を選択し変更すると別のシートも確認できるので違いが分かりやすいです。

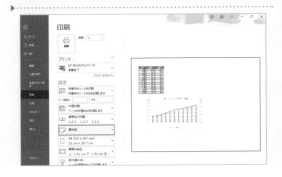

4 印刷する

Excelでは扱うデータが横長なものが多いため（紙を）横向きで印刷してみましょう。

①[作業中のシートを印刷] [拡大縮小なし]を選択します。

②紙の向きを[横方向]にし印刷します。

4．グラフのみ印刷してみよう

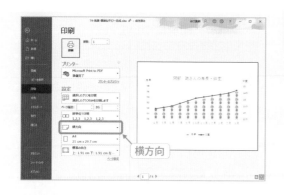

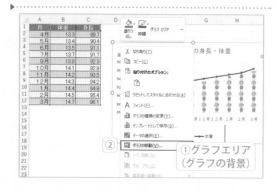

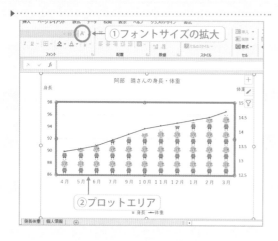

グラフのみ印刷

グラフのみを簡単に印刷してみましょう
①グラフをクリックします。
②[Ctrl]＋[P]で印刷画面を表示します。
③グラフが横長なので[横方向]にし、印刷します。

(Point) 縦横比率は作成したままで紙に印刷されます。

2 グラフシートの作成

グラフのみの資料が必要な場合などは印刷する紙にあった比率でグラフを作成する方が望ましいです。独立したシートにグラフを作成するには以下の通り行います。
①グラフの背景で右クリックします。
②[グラフの移動]→[新しいシート]を選択し[OK]をクリックします。
③[グラフ]シートが作成されます。

3 グラフシートの印刷

グラフのみ印刷の場合、紙の向きを変更してもグラフは作成した状態で印刷されますが、グラフシートの印刷の場合は紙の向きに応じてグラフが自動で調整されます。[印刷]→[プレビュー画面]を参考にグラフシートのグラフを手直ししてみましょう。
①全ての文字を拡大します。
②[プロットエリア]を拡大します。

(Point) 紙の向きを[縦方向]にしても面白いでしょう。

5．さまざまな印刷をしてみよう

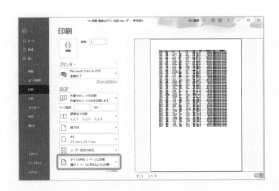

1　印刷の準備と確認

①[個人情報]シートをクリックします。

②印刷画面を表示します。

③列がページに収まっていないため[すべての列を1ページに印刷]を選択します。

④キーボード左上の ESC を押します。

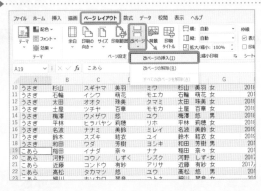

2　改ページを使いこなす

①クラス毎に印刷するには、セル[A19]をクリックし[ページレイアウト]タブ→[ページ設定]グループ→[改ページ]の[改ページの挿入]をクリックします。

②印刷画面を表示します。

③データが少ないため[横方向]を選択します。セル[A35]も同様に行います。

3　項目見出しを付ける

2・3ページに見出しを付けましょう。

① ESC を押します。

②[ページレイアウト]タブ→[ページ設定]グループ→[印刷タイトル]をクリックします。

③[シート]タブ→[タイトル行]をクリックし、行1をクリック後、[印刷プレビュー]をクリックします。

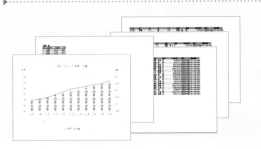

4　複数シートの印刷

①[ブック全体を印刷]を選択します。②プレビュー画面で全てのシートが印刷対象になっていることを確認します。

① 出席簿を作ろう [素材あり]

ある日の出席簿を完成しましょう。

- 出席合計は男児と女児の合計、合計(セルB7〜F7)は各列の合計です。
- 出席率は出席数÷児童数です。%表示、小数点以下第1位で表示しましょう。
- 項目見出し(行2・3)を見栄え良くし表を完成します。

お手本は
こちら

② 所蔵図書(出版社)の詳細を表示しよう [素材あり]

- 出版社をドロップダウンリストで指定できるようにします。出版社(セルB1)を指定すると以下が自動で表示されます。
- セルC1に「よみ」を表示します。
- 書籍数(セルB3)を表示します。
- 対象年齢毎の書籍数(セルB3)、絵本(セルB3)、図鑑(セルB3)の所蔵数を表示し、表を完成します。

お手本は
こちら

③ 所蔵図書をまとめよう [素材あり]

なかよしこども園の所蔵図書一覧を作成しましょう。

- 一覧表を見やすくしましょう。
  セル幅の調整、項目見出しの中央揃え、罫線と色の変更
  ジャンル順、出版社順の並び替え
- ピボットテーブルを利用して、ジャンル別出版社毎で対象年齢毎の冊数を一覧にしましょう。

お手本は
こちら

④ 年齢別待機児童数の推移を複合グラフで作成しよう [素材あり]

- 増減(列G)は令和3年度－令和2年度(マイナス値は△表示)、3才児未満の割合(行9)は%表示し小数点以下第1位で表示しましょう。
- 年齢別待機児童数の複合グラフを作成します。

各年齢は積み上げグラフでまとめ、「3才児未満の割合」は折れ線グラフにします。

お手本は
こちら

PowerPoint 編

PowerPointの基本と特徴

PowerPointの基本

プレゼンテーションソフトであるPowerPointでは、図やアニメーションを付けることでビジュアル効果のあるスライドを作成することができます。

①タブとリボン

WordやExcelと同様に、種類ごとに機能が「タブ」としてまとめられています。タブをクリックすると、リボンが切り替わります。

②ウィンドウに対する操作(スライドウィンドウとプレースホルダー)

スライドを編集する領域です。文字や画像を配置するための枠です。

③サムネイルウィンドウ

スライドの一覧が表示されます。

④ノート欄

メモを入力し、発表するときに参照できます。

⑤ズームスライダー

表示倍率を変更できます。

PowerPointの特徴

　PowerPointを使って自分の考えをスライドにまとめ、プロジェクターで投影することで、多くの聴衆に「視覚効果のあるプレゼンテーション」、つまり「伝わる発表」ができます。スライドを作成して分かりやすく聴衆に伝えるだけでなく、ポスターの作成や簡単な動画の作成など、幅広い使い方ができます。スライドに入る図形やイラスト、文字などはアニメーションをつけることができ、視覚に訴えて表現することができます。

●スライド作成

　イラスト、図表を使って視覚化し、重要な情報を分かりやすく伝える。

●研究発表

　研究テーマについて調査し、研究結果をスライドにまとめ、発表する。

●ポスター作成

　組み込みのデザイン機能を使って、ポスターやチラシを簡単に作成する。

●映像表現

　写真・音楽・動画を使って、スライドショーを作り、映像表現をする。

自己紹介スライドの作り方

◆自己紹介のスライドを作りながら、PowerPointの基本操作を学びましょう。自己
紹介が完成したら発表してみましょう。

3つのポイント

★スライドのデザインやレイアウトをしてみよう
★アニメーション効果をつけてみよう
★スライドファイルを保存してみよう

お手本

1. スライドサイズを設定し、
   タイトルをデザインして
   みよう

5. ファイルの保存と
   発表者ノートを活用
   してみよう

2. アニメーションを
   設定してみよう

3. アニメーションの
   順番を入れ替えて
   みよう

4. 自己紹介の項目を
   追加して完成させ
   よう

1．スライドサイズを設定し、タイトルをデザインしてみよう

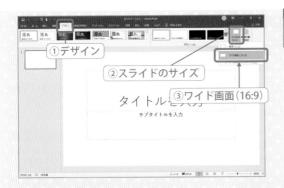

1　スライドサイズの設定

PowerPointを起動し、新規に白紙の「新しいプレゼンテーション」を表示させます。
①デザインをクリックし、②スライドのサイズ→③[ワイド画面（16：9）]を選択します。

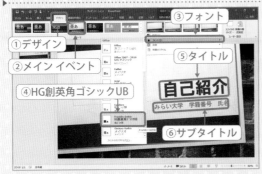

2　デザイン選択、タイトル入力

①デザインタブをクリックし、「テーマ」から②[メイン　イベント]を選択します。バリエーションの右にある▼をクリックし→③フォントを④[HG創英角ゴシックUB]と選択します。⑤タイトルと⑥サブタイトルを入力します。

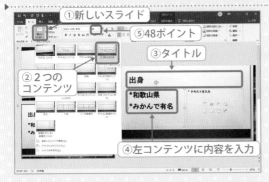

3　新しいスライドの追加

①[ホーム]タブから[新しいスライド]をクリックし、②[２つのコンテンツ]を選択します。③タイトルに「出身」と入力します。④左コンテンツに内容を入力し、⑤48ポイントに設定します。

4　オンライン画像の挿入

右コンテンツ内の①[オンライン画像]をクリックし、②「みかん　イラスト」のキーワードで検索します。
挿入する③画像をクリックし、④[挿入]を押します。挿入された画像のサイズを四隅のハンドルで調整します。

2．アニメーションを設定してみよう

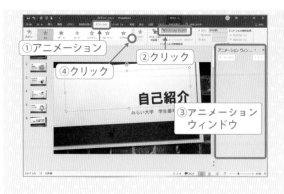

アニメーション ウィンドウの表示

スライド内で文字やイラストを強調して見せたい場合、[アニメーション]で動きをつけて、強調することができます。

①アニメーション→[アニメーションウィンドウ]を②クリックすると、右側に③[アニメーション ウィンドウ]が表示されます。④ ▾をクリックし、アニメーション効果一覧を表示させます。

2 **アニメーション効果の種類**

緑色の①開始の効果は何もないところから登場させることができます。黄色の②強調の効果は、すでに登場しているものに効果が表れます。赤色の③終了の効果はすでに登場しているものを消します。

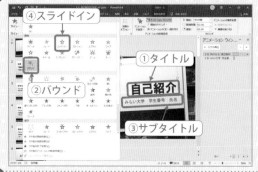

3 **アニメーションの設定**

①タイトルをクリックし、②バウンドのアニメーション効果を設定します。

③サブタイトルをクリックし、④スライドインのアニメーション効果を設定します。

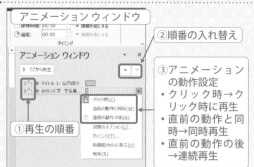

4 **アニメーションウィンドウの動作設定**

アニメーションウィンドウでアニメーションの動作を設定できます。

①再生の順番を表しています。

②順番の入れ替えができます。

③アニメーションの動作設定ができます。

3．アニメーションの順番を入れ替えてみよう

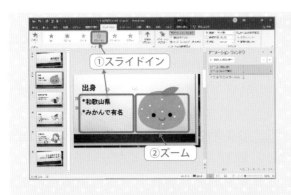

1　アニメーションの順序

左のコンテンツには、①[スライドイン]の開始アニメーションを付けます。

右のイラストには②[ズーム]の開始アニメーションを付けます。

[Point]　アニメーション効果は、それぞれふさわしいと思うものを選択しましょう。

2　アニメーションの再生順序

スライドにある番号と右のアニメーションウィンドウにある[番号が対応]しています。アニメーションはこの番号順に再生されます。

3　アニメーションの同時再生

みかんのイラストを①クリックし、右のアニメーションウィンドウで該当する項目から②[直前の動作と同時]を選択します。「みかんで有名」と「みかんのイラスト」が同じ2番になったので同時に再生されます。

4　スライドの実行

スライドを実行して表示してみます。

①[最初から]をクリックすれば、スライドの最初から実行されます。

②[現在のスライドから]をクリックすれば、今表示しているスライドから実行することができます。

4．自己紹介の項目を追加して完成させよう

1 自己紹介項目の追加

「新しいスライド」をクリックし、「タイトルとコンテンツ」を選択します。プレゼンテーションしながら話すエピソードも考えて、「好きな食べ物」や「特技」「将来の夢」など、自己紹介の項目を追加してスライドを完成させましょう。

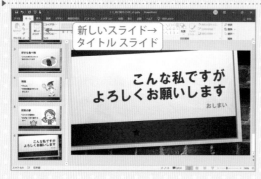

2 最後のメッセージ

「新しいスライド」をクリックし、「タイトルスライド」を選択します。
最後に聞いていただいた聴衆者への感謝のメッセージで締めくくります。

Column　伝わる発表とは

　伝わる発表にするためには、①聴衆を意識すること、②視覚化すること、③結論を示すこと、④発表時間を守ることが重要です。

①聴衆を意識するために、聞き手を知り、相手に伝わるプレゼンテーションを心掛けましょう。プレゼンテーションは双方向のコミュニケーションと意識することが大切です。

②視覚化すること、つまりスライドをビジュアル化することで、見てすぐわかるようになり、伝わりやすくなります。絵、図、矢印、箇条書き、流れ図等で視覚化してみましょう。

③結論を示すことが大事です。発表の向かう結論を常に意識して示し、発表で伝えたいことを簡潔に言えるように事前にまとめるようにしましょう。

④発表の時間配分をし、時間を必ず守りましょう。リハーサルをしてセリフとスライドを合わせ、時間内に収まるように発表内容を調整しましょう。

5．ファイルの保存と発表者ノートを活用してみよう

<table>
<tr><td>**1**</td><td>**PowerPointファイルの保存**</td></tr>
</table>

①[ファイル]タブから②[名前を付けて保存]
→③[参照]をクリックし、④保存先を選択し
ます。⑤ファイル名を入力して⑥[保存]を押
します。ファイルを紛失しないように、確実
に保存し、保存できたかどうか必ず確認しま
しょう。

<table>
<tr><td>**2**</td><td>**スライドをPDFとして保存**</td></tr>
</table>

PowerPointの資料をPDFにして配布する場
合、上記1の手順のときに、①[ファイルの
種類]に②[PDF]を選択することで、PDFファ
イルとして保存することができます。

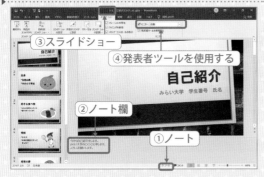

<table>
<tr><td>**3**</td><td>**発表者ノートの入力**</td></tr>
</table>

①[ノート]をクリックすると、②ノート欄が
表示され、入力できるようになります。
③スライドショー→④[発表者ツールを使用
する]にチェックを入れておきます。

<table>
<tr><td>**4**</td><td>**発表者ノートの参照**</td></tr>
</table>

①プロジェクターの発表画面とは別に、②発
表者のＰＣ画面だけに[発表者ノート]を表示
することができます。[発表者ノート]に発表
の要点を入れておけば、プレゼンテーション
時に参照できます。

PowerPointの基本操作

研究発表スライドの作り方

◆卒業発表や研究発表のスライドを作成してみましょう。聴衆に伝わるプレゼンテーションになるよう工夫することで、研究内容も深まります。

【3つのポイント】

★研究テーマについて調査研究し、研究結果をまとめよう
★図、イラスト、箇条書き等を使って「見てすぐわかるスライド」を作成しよう
★セリフとスライドを合わせて発表時間の調整をしよう

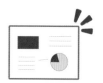

お手本

1. スライドサイズを設定し、タイトルを作成してみよう

2. 導入と研究目的を提示しよう

3. 研究結果のスライドを作成しよう

4. 結語と今後の課題（まとめ）を提示しよう

5. 配布用にスライドの印刷をしてみよう

1．スライドサイズを設定し、タイトルを作成してみよう

1 スライドサイズの設定

PowerPointを起動し、新規に白紙の「新しいプレゼンテーション」を表示させます。
①[デザイン]タブをクリックし、②[スライドのサイズ]→③[ワイド画面(16:9)]をクリックします。

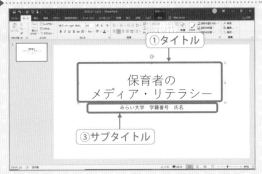

2 タイトルとサブタイトルの入力

スライドの①タイトルをクリックして、「保育者のメディア・リテラシー」と入力します。
スライドの②サブタイトルをクリックして、自分の氏名を入力します。

3 デザイン選択と新しいスライドの追加

①[デザイン]タブをクリックした後、[バリエーション]の▾を押し、②[フォント]には③[Arial MS Pゴシック]を選択します。
新しいスライドを追加するために、[ホーム]→[新しいスライド]をクリックし、「2つのコンテンツ」を選択します。

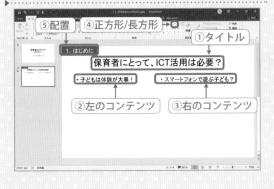

4 タイトルの入力

①タイトルに「保育者にとって、ICT活用は必要？」(中央揃え)と入力します。②左のコンテンツに「子どもは体験が大事！」、③右のコンテンツに「スマートフォンで遊ぶ子ども」と入力します。[ホーム]タブから④[正方形/長方形]をクリックし、左上に⑤配置し「1．はじめに」(28ポイント)と入力します。

2．導入と研究目的を提示しよう

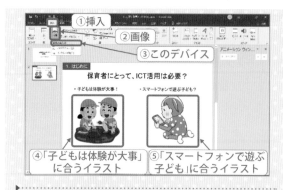

1　イラストの配置

スライドに合うようなイラストを2種類準備します。①[挿入]タブから②[画像]→③[このデバイス]をクリックし、④「子どもは体験が大事」に合うイラストを挿入しましょう。同様に右のコンテンツにも⑤「スマートフォンで遊ぶ子ども」に合うイラストを挿入しましょう。

2　図形の配置

①[挿入]タブから②[図形]をクリックし、③[矢印：左右]を配置します。
同様に①[挿入]→②[図形]をクリックし、④[四角形：角を丸くする]を配置し、「どうすればよい？」と入力します。

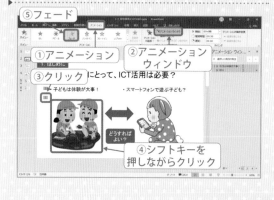

3　アニメーションの設定(1)

①[アニメーション]タブから②[アニメーション ウィンドウ]をクリックします。
「左のコンテンツ」を③クリックし、さらに左のイラストを④シフトキーを押しながらクリックして、⑤[フェード]のアニメーションを設定します。

Point　アニメーション効果はふさわしいと思うものを各自選択しましょう。

4　アニメーションの設定(2)

右のコンテンツを①クリックし、右のイラストを②シフトキーを押しながらクリックして、③[フェード]のアニメーションを設定します。同様に④矢印をクリックし、シフトキーを押しながら四角形を選択して、⑤[ターン]のアニメーションに設定します。

3．研究結果のスライドを作成しよう

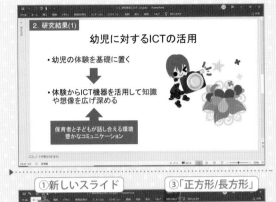

1　研究結果（1）スライド作成

[ホーム]タブから→[新しいスライド]→[2
つのコンテンツ]を選択します。
前項の操作を参考にして左のようなスライド
を作成しましょう。アニメーションやイラス
トは内容に合うように設定し、配置しましょう。

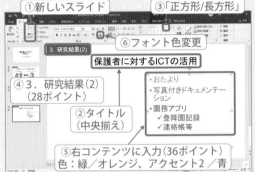

2　研究結果（2）スライド作成 フォント色の変更

[ホーム]タブから①[新しいスライド]をク
リックし、[2つのコンテンツ]を選択します。
②タイトル（中央揃え）を入力します。③[正
方形/長方形]を左上に配置し④[3．研究結
果(2)]と入力します。左のように内容を⑤
右コンテンツに入力し、⑥フォント色を変更
します。

3　画像の調整

図を3つほど準備し、画像データを挿入しま
す。サイズ変更や回転を行う場合は、画像を
選択後、①四隅の○や◎をドラッグして変
更します。図に影をつけたい場合などは、「図
ツール」の[図の形式]タブから②[四角形 右
下方向の影付き]などを選んで設定できます。

4　アニメーションの設定

①[アニメーション]タブから②[アニメー
ション ウィンドウ]をクリックします。③コ
ンテンツ枠をクリックし、④[フェード]に設
定します。⑤画像も[フェード]などアニメー
ションをつけてみましょう。

4．結語と今後の課題（まとめ）を提示しよう

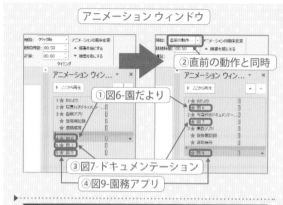

1　アニメーションウィンドウで再生順序の変更

①「図6-園だより」（図）を順序1「おたより」（文字）の次に移動させ、タイミングを②「直前の動作と同時」に設定します。③「図7-ドキュメンテーション」は「写真付きドキュメンテーション」の次に移動させ、②「直前の動作と同時」に設定。④「図9-園務アプリ」は移動させずに、②「直前の動作と同時」に設定します。

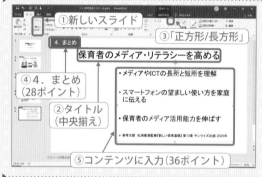

2　コンテンツの入力

「ホーム」→①「新しいスライド」をクリックし、「タイトルとコンテンツ」を選択します。②タイトル（中央揃え）を入力します。③「正方形/長方形」を左上に配置し、④「4．まとめ」と入力します。内容を⑤コンテンツに入力し、枠のサイズを縮小してフォントに色を付けます。

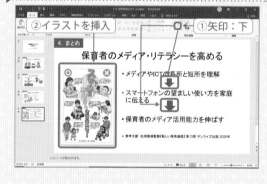

3　図形（矢印）とイラストの挿入

図形描画→①「矢印：下」をクリックし、2カ所に配置します。②イラストを挿入します。スライドの内容に関連する資料などを空いているスペースに挿入してもいいでしょう。その際には資料の引用を明示することや著作権に気をつけましょう。

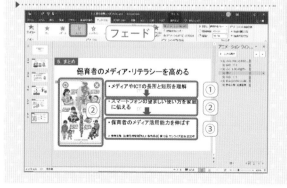

4　アニメーションの再生順序の入れ替え

文字や図には「フェード」のアニメーションを設定します。アニメーションの再生の順序は、①→②→③となるように入れ替えましょう。①②③の同じ番号内の文字や図は、それぞれ同時に再生されるように設定します。これで完成です！「スライドショー」→「最初から」再生して、全体の動作を確認しましょう。

5．配布用にスライドの印刷をしてみよう

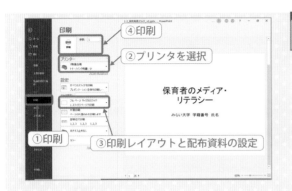

1　スライドを印刷する

「ファイル」→①「印刷」→②プリンタを選択し、③印刷の設定を確認してから、④印刷します。

Column　スライドの印刷

スライドは、次のようにレイアウトを変更して印刷できます。

印刷レイアウト

- フルページサイズのスライド →1スライドを1ページ全体に印刷します。
- ノート →発表者ノート付で印刷できます。発表するときのノートを印刷して確認できます。

配布資料の印刷

スライドを印刷して配布資料とすることができます。用途に合わせて設定しましょう。1ページに複数枚のスライドをまとめて印刷することができます。

- 2スライド →1ページに2スライドをまとめて印刷
- 3スライド →1ページに3スライドをまとめて印刷
- 6スライド →1ページに6スライドをまとめて印刷

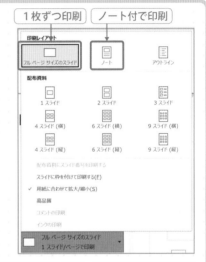

1ページに3スライド印刷　　発表者ノート付で印刷

157

地図の作成

◆図形やイラストを活用して園周辺地図を作成してみましょう。PowerPointの図形やイラストの扱いはWordやExcelと共通なので、使いこなせるように学びましょう。

3つのポイント

★図形を挿入して道路や川を配置してみよう
★信号や園舎の画像を配置してみよう
★テキストボックスや吹き出し、図形を編集してみよう

お手本

4. テキストボックスと吹き出しを配置してみよう

1. スライドサイズやフォントのデザインを設定してみよう

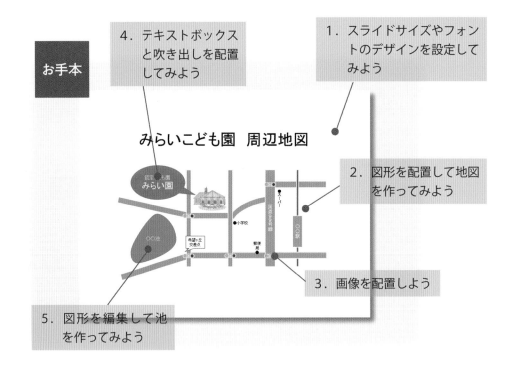

みらいこども園　周辺地図

2. 図形を配置して地図を作ってみよう

3. 画像を配置しよう

5. 図形を編集して池を作ってみよう

1． スライドサイズやフォントのデザインを設定してみよう

1　スライドサイズの設定

PowerPointを起動し、新規に白紙の「新しいプレゼンテーション」を表示させます。
①［デザイン］タブをクリックし、②［スライドのサイズ］→③［標準（4：3）］を選択します。

2　スライドのレイアウト

①［ホーム］タブの［レイアウト］から②［タイトルのみ］を選択します。

3　デザイン選択

①［デザイン］タブをクリックした後、バリエーションの▽を押し、②フォントには③［Arial MS Pゴシック］を選択します。

4　タイトルの入力

タイトルに「みらい こども園 周辺地図」と入力します。

2．図形を配置して地図を作ってみよう

1　図形の挿入

①［挿入］タブから②［図形］→③［四角形］を挿入します。大きさを調整して道路になるように配置します。

右クリックで［テキストの編集］を選択し、④「国道99号線」と入力します。［ホーム］タブから［文字列の方向］で［縦書き］を選択します。

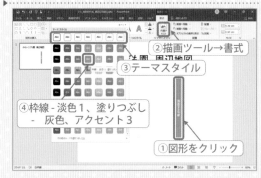

2　図形のテーマ設定

挿入した①図形をクリックします。

②［描画ツール］タブから［書式］をクリックし、③［テーマスタイル］には、④［枠線 - 淡色1、塗りつぶし - 灰色、アクセント3］を選択します。

3　道路と駅の配置

「2」と同様に、①［挿入］タブから②［図形］→③［四角形］を使って、道路、駅、川を配置します。

曲線の道路は、①［挿入］→②［図形］→③［アーチ］を使って配置します。

Point 縦の道路を前面にすると、見やすい地図になります。

Column　著作権

　創意工夫をして創作した作品は「著作物」となり、創作と同時に「著作者」に発生する権利が「著作権」です。著作者が許可した範囲で著作物を利用できます。

　インターネットの素材配布サイトでは、「著作権フリー」や「フリー素材」という表示を見かけます。著作権を放棄（パブリックドメイン）したものも中にはありますが、著作権フリー素材の多くは、著作者が許可した範囲で無料使用できるという意味になります。改変禁止や商用利用禁止になっていることもあるので、著作権フリー素材であっても、使用許諾の確認をしましょう。

3．画像を配置しよう

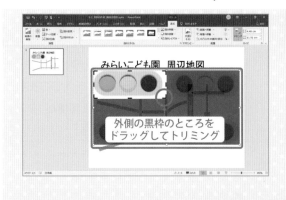

1 画像のトリミング

信号、こども園など必要な画像を用意して挿入します。余分な画像が含まれている場合は、「外側の黒枠のところをドラッグしてトリミング」します。

画像外のところをクリックして、トリミング処理を完了し、信号機の大きさを調整して配置します。

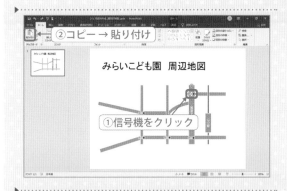

2 画像のコピー

同じ信号機の画像が複数必要な場合は、①信号機をクリックし、②[コピー → 貼り付け]をして、必要な枚数の画像を作り、配置します。

3 こども園の配置

「1」「2」と同様に「こども園のイラスト」についても、配置します。

Column クリエイティブコモンズとは

　著作権フリーであっても、創作者の意図によって利用可能な範囲がそれぞれ違います。作者が利用者への許可範囲をわかりやすくするために「クリエイティブコモンズ」というライセンス制度があります。このライセンスを利用することで、作者は著作権を保持したまま作品を自由に流通させることができ、利用者はライセンス条件の範囲内で作品を共有することができます。

　PowerPointで使用する素材は、著作権と利用範囲を確認した上で利用しましょう。

4．テキストボックスと吹き出しを配置してみよう

1　テキストボックスの配置

①[挿入]タブから②[テキストボックス]、③[横書きのテキストボックス]を大きさを調整して配置し、④「小学校」、⑤「郵便局」を入力します。

⑥「スーパー」は[縦書きのテキストボックス]を使って入力し、配置します。

2　四角形の吹き出しの配置

①[挿入]タブから②[図形]→③[吹き出し：四角形]をクリックし、配置します。黄色の点を移動させると、吹き出し先を調整できます。

④「希望ヶ丘交差点」と入力します。

3　円形の吹き出しの配置

①[挿入]タブから②[図形]→③[吹き出し：円形]をクリックし、配置します。

④「認定こども園みらいこども園」と入力します。適宜、文字のサイズを調整しましょう。

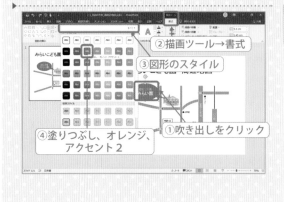

4　図形にテーマを適用

①吹き出しをクリックし、②[描画ツール]タブから[書式]→③[図形のスタイル]→④[塗りつぶし、オレンジ、アクセント2]を選択します。

5．図形を編集して池を作ってみよう

1　楕円（池）の配置

①［挿入］タブから②［図形］→③［基本図形：楕円］をクリックし、④池を配置します。［図形のスタイル］は、［塗りつぶし‐青、アクセント1、アウトラインなし］に設定します。

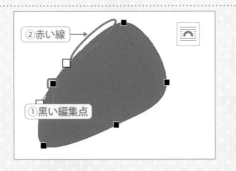

2　図形の編集

①楕円をクリックし、②［描画ツール→書式］→③［図形の編集］→④［頂点の編集］をクリックします。

3　池の編集

黒い編集点や赤い線を操作して、図形を編集します。①黒い点をドラッグすることで図形全体の形を調整できます。②赤い線をドラッグすると、黒い点を移動させないで図形が変形されます。

4　テキストの編集

池を右クリックし、［テキストの編集］を選択します。「〇〇池」と入力します。
みらいこども園の地図が完成です！

図形の使い方

緊急時対応フローチャート

◆園での緊急時対応のフローチャートを作成してみましょう。ここではSmartArtを活用して作成します。SmartArtは組織図や流れ図を簡単に作成できる機能です。

3つのポイント

★SmartArtの種類を確認し、緊急時対応の流れ図に適切なものを探そう
★SmartArtを配置し、各レベルの追加方法を学ぼう
★SmartArtのデザインやテーマを設定して、見やすいフローチャートにしてみよう

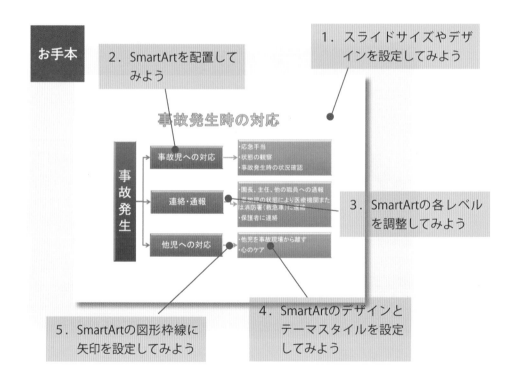

1. スライドサイズやデザインを設定してみよう

<table>
<tr><td>1</td><td>スライドサイズのとレイアウトの設定</td></tr>
</table>

PowerPointを起動し、新規に白紙の「新しいプレゼンテーション」を表示させます。
①[デザイン]タブをクリックし、②[スライドのサイズ]→③[標準(4：3)]を選択します。
④[ホーム]タブの[レイアウト]から、⑤[タイトルのみ]を選択します。

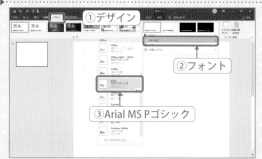

<table>
<tr><td>2</td><td>デザインのフォント選択</td></tr>
</table>

①[デザイン]タブをクリックした後、バリエーションの∨を押し、②フォントには③[Arial MS Pゴシック]を選択します。

<table>
<tr><td>3</td><td>タイトルの入力</td></tr>
</table>

①タイトルに[事故発生時の対応]と入力します。

タイトル文字列を選択し、②[描画ツール]タブから[書式]→③[ワードアートのスタイル]を選択し、左図のように[塗りつぶし：オレンジ、アクセント　カラー2；輪郭：オレンジ、アクセントカラー2]を選択します。

Column　Smart Art（スマートアート）とは

　SmartArtとは、手順や組織図などの図表を簡単に作成する機能です。SmartArtでは最初から図表の組み合わせが用意されているので、一つずつ図形を作成し組み合わせて図表を作るよりも、きれいな図表を短時間で作成できます。

　プレゼンテーションでは図表を使って視覚化し、見てすぐに分かるようになることで、より伝わりやすくなります。SmartArtなどの図表をうまく活用しましょう。

2．SmartArtを配置してみよう

1　スマートアートの挿入

①［挿入］タブから②［SmartArt］→③［階層構造］→④［複数レベル対応の横方向階層］を挿入します。

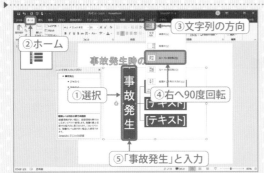

2　SmartArtの第1階層のレベルの設定と入力

SmartArtの［第1階層のレベル］を①選択し、②［ホーム］タブから③［文字列の方向］を選択し、④［右へ90度回転］をクリックし、⑤［事故発生］と入力します。

3　SmartArtの第2階層のレベルの入力

SmartArtの第2階層のレベルの入力を次のようにします。
- 事故児への対応
- 連絡・通報
- 他児への対応

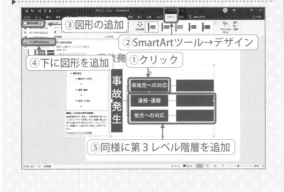

4　SmartArtの第3階層のレベルの図形追加

SmartArtの第2階層のレベルを①クリックし、②［SmartArtツール］の［デザイン］タブから③「図形の追加」→④「下に図形を追加」をクリックします。

他の第2階層レベルもクリックし、「下に図形を追加」を押して、同様に⑤［第3レベル階層を追加］します。

3．SmartArtの各レベルを調整してみよう

1　第3レベルの第1項目入力

第3レベルの第1項目には次のように入力します（左揃え）。

- 応急手当
- 状態の観察
- 事故発生時の状況確認

2　第3レベルの第2項目入力

第3レベルの第2項目には次のように入力します（左揃え）。

- 園長、主任、他の職員への通報
- 事故児の状態により医療機関または消防署（救急車）に連絡
- 保護者に連絡

3　第3レベルの第3項目入力

第3レベルの第3項目には次のように入力します（左揃え）。

- 他児を事故現場から離す
- 心のケア

4　四角形と文字サイズの調整

文字列が見やすくなるように各レベルの四角形のサイズを調整します。

文字サイズは、第1項目は①40ポイント、第2項目は②24ポイント、第3項目は③12ポイント程度に調整します。

4．SmartArtのデザインとテーマスタイルを設定してみよう

1　SmartArtの色の変更

①[SmartArtツール]の[デザイン]タブから②[色の変更]→③[カラフル]→[カラフル – 全アクセント]を選択します。

2　SmartArtのデザイン変更

①[SmartArtツール]の[デザイン]タブから[SmartArtのスタイル]の中にある、②[立体グラデーション]を選択します。

3　SmartArtのテーマスタイル変更

①線をクリックし、②[SmartArtツール]の[書式]タブから③[図形のスタイル]→③[光沢(線)アクセント 2]を選択します。

4　SmartArtの図形の枠線（太さ）の設定

①線をクリックし、②[SmartArtツール]の[書式]タブから③[図形の枠線]→④[太さ]→⑤3ptを選択します。
残りの2本の線も同様に[光沢(線)アクセント 2] [3pt]に設定します。

5．SmartArtの図形枠線に矢印を設定してみよう

1 SmartArtの図形の枠線（矢印）の設定

①線をクリックし、②[SmartArtツール]の[書式]タブから③[図形の枠線]→④[矢印]→⑤[スタイル2]を選択します。

2 SmartArtの残りの矢印の設定

同様に残り2本の線にも矢印を付けます。①線をクリックし、②[SmartArtツール]の[書式]タブから③[図形の枠線]→[矢印]→[スタイル2]を選択します。

3 第3レベルへの矢印のテーマ設定

①線をクリックし、②[SmartArtツール]の[書式]タブから③[図形のスタイル]→③[光沢（線）アクセント3]を選択します。

4 第3レベルへの矢印のスタイルの設定

①線をクリックし、②[SmartArtツール]の[書式]タブから③[図形の枠線]→④[矢印]→⑤[スタイル2]を選択します。
緊急時対応のフローチャートの完成です！

図・イラスト・表の配置やレイアウト

発表会プログラム

◆発表会プログラムを作成してみましょう。1ページにレイアウトすればポスターにもなり、左右のコンテンツに分けてプログラムを作成すれば、半分に折りたたむこともできます。

3つのポイント

★図形を使ったタイトルを入れてみよう
★テキストボックスを配置し、オンライン画像を検索して入れてみよう
★左右のコンテンツに分割して入力し、プログラムを見やすくしよう

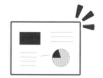

お手本

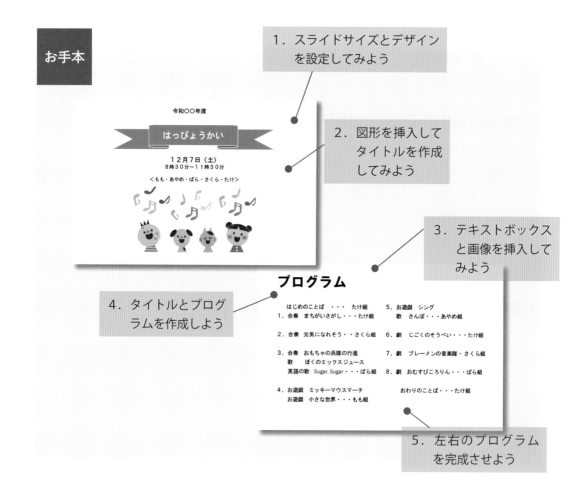

1. スライドサイズとデザインを設定してみよう

2. 図形を挿入してタイトルを作成してみよう

3. テキストボックスと画像を挿入してみよう

4. タイトルとプログラムを作成しよう

5. 左右のプログラムを完成させよう

1．スライドサイズとデザインを設定してみよう

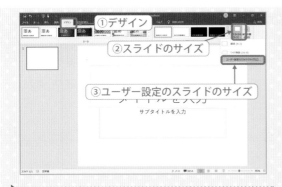

1 ユーザー設定のスライドのサイズ

PowerPointを起動し、新規に白紙の「新しいプレゼンテーション」を表示させます。
①[デザイン]をクリックし、②[スライドのサイズ]→③[ユーザー設定のスライドのサイズ]を選択します。

2 スライドのサイズ指定

スライドのサイズは[A4]を選択します。印刷の向きは[横]、[ノート、配布資料、アウトライン]は[縦]のままにしましょう。

Point 印刷を優先する場合は、A4に設定します。

3 スライドのレイアウト

[ホーム]タブをクリックし、スライドの①「レイアウト」を、②「白紙」に選択します。

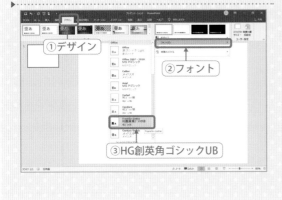

4 デザイン選択

①[デザイン]タブをクリックした後、[バリエーション]▼を押し、②フォントには③[HG創英角ゴシックUB]を選択します。

2．図形を挿入してタイトルを作成してみよう

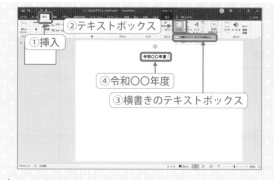

<table>
<tr><td>**1**</td><td>**テキストボックスの挿入**</td></tr>
</table>

①［挿入］タブから②［テキストボックス］→③［横書きテキストボックスの描画］を挿入します。

④「令和〇〇年度」と入力します。

<table>
<tr><td>**2**</td><td>**リボンの挿入**</td></tr>
</table>

①［挿入］タブから②［図形］→［星とリボン］のグループにある、③［リボン：上に曲がる］を挿入します。

④「はっぴょうかい」と入力し、フォントサイズを28ポイントに設定します。

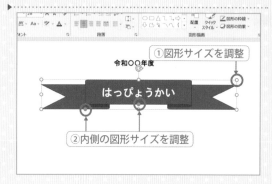

<table>
<tr><td>**3**</td><td>**図形サイズの調整**</td></tr>
</table>

丸いハンドルをつかんで、リボンの①図形サイズを調整します。

黄色いハンドルのところで、②内側の図形サイズを調整します。

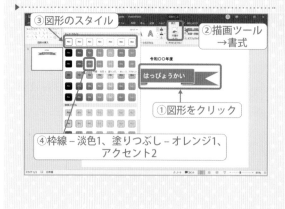

<table>
<tr><td>**4**</td><td>**図形のテーマ設定**</td></tr>
</table>

挿入した①図形をクリックします。

②［描画ツール］タブから［書式］→③［図形のスタイル］→④［枠線 – 淡色1、塗りつぶし – オレンジ1、アクセント2］を選択します。

3．テキストボックスと画像を挿入してみよう

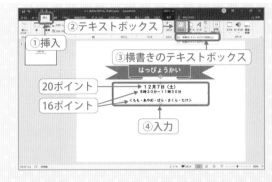

1　テキストボックスの挿入

①[挿入]タブから②[テキストボックス]→③[横書きテキストボックスの描画]を挿入します。④次のように入力します（中央揃え）。

１２月７日（土）

８時30分〜11時30分

＜もも・あやめ・ばら・さくら・たけ＞

2　画像の挿入

「はっぴょうかい」にふさわしいイラストを準備し、画像を挿入しましょう。ファイルから取り込む場合、①[挿入]タブから②[画像]→③[このデバイスから]を選択します。

3　新しいスライドの追加

①[挿入]タブから[新しいスライド]をクリックし、②[２つのコンテンツ]を選択します。

4．タイトルとプログラムを作成しよう

タイトルに「プログラム」と入力します。

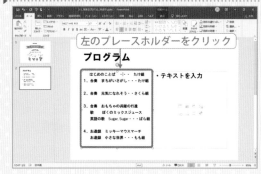

左のプレースホルダーをクリックし、次のように入力します（16ポイント）。

はじめのことば　・・・　たけ組

1．合奏　まちがいさがし・・・たけ組

2．合奏　元気になれそう・・さくら組

3．合奏　おもちゃの兵隊の行進
　　　歌　　ぼくのミックスジュース
　　　英語の歌　Sugar, Sugar・・・ばら組

4．お遊戯　ミッキーマウスマーチ
　　　お遊戯　小さな世界・・・もも組

Column　見やすいフォントの選び方

　PowerPointのスライドではフォントの種類やサイズを変更して、見やすくすることができます。特定の文字列やプレースホルダー全体に書式設定をすることもできますが、PowerPointのテーマには、日本語の見出しと本文、英数字の見出しと本文の4種類のフォントを組み合わせがそれぞれ用意されています。テーマのフォントを変更することで、素早く統一したデザインにすることができます。

　［デザイン］タブの中の［バリエーション］グループの・をクリックし、［フォント］の種類の中からふさわしいフォントパターンを選択することで、スライド全体のフォントを変更することができます。

　フォントを選択するときには、①きれいに見えるフォント、②太字や斜体に対応したフォント、③読み間違いのない判読性の高いフォントを選びましょう。見やすいフォントには、ユニバーサルデザイン（UD）フォント、日本語フォントには「游ゴシック」や「メイリオ」等、英文フォントには「Segoe UI」があります。フォントの選択に迷った場合には参考にしてみてください。

5．左右のプログラムを完成させよう

1　右のコンテンツ入力

右のプレースホルダーをクリックし、次のように入力します（16ポイント）。

5．お遊戯　シング
　　歌　さんぽ・・・あやめ組
6．劇　じごくのそうべい・・・たけ組
7．劇　ブレーメンの音楽隊・さくら組
8．劇　おむすびころりん・・・ばら組
おわりのことば・・・たけ組

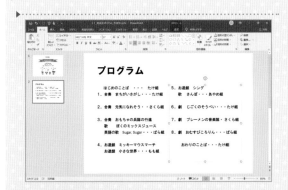

2　プログラム全体のレイアウト調整

プログラムがコンテンツの枠内にきれいに収まるように調整しましょう。

3　1枚目のスライドのレイアウト調整

1枚目のスライドもきれいにレイアウトするために見直して調整しましょう。

図・イラスト・表の配置やレイアウト

運動会プログラム

◆運動会プログラムを作成してみましょう。

3つのポイント

★テキストボックスを配置して、運動会プログラムを作ってみよう

★画像を配置して運動会イラストを入れてみよう

★図形を使って運動会の会場図を作ってみよう

お手本

4. テキストボックスを組み合わせて図を作ろう

1. スライドサイズとデザインを設定しよう

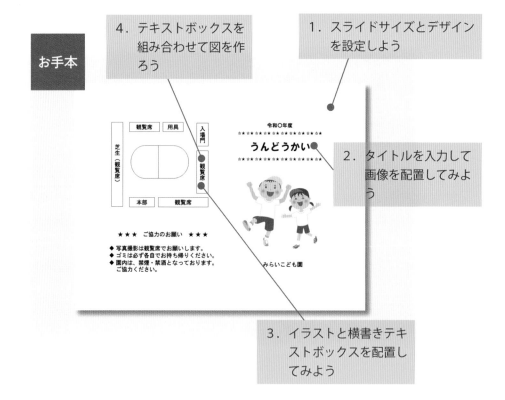

2. タイトルを入力して画像を配置してみよう

3. イラストと横書きテキストボックスを配置してみよう

1．スライドサイズとデザインを設定しよう

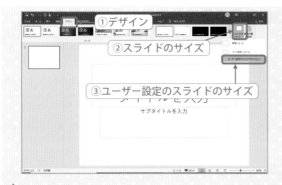

1	ユーザー設定のスライドのサイズ

PowerPointを起動し、新規に白紙の「新しいプレゼンテーション」を表示させます。

①[デザイン]をクリックし、②[スライドのサイズ]→③[ユーザー設定のスライドのサイズ]を選択します。

2	スライドのサイス指定A4

スライドのサイズは[A4]を選択します。印刷の向きは[横]、[ノート、配布資料、アウトライン]は[縦]のままにしましょう。

Point 印刷を優先する場合は、A4に設定します。

3	スライドのレイアウト

[ホーム]タブをクリックし、スライドの①[レイアウト]は、②[タイトルのみ]を選択します。

4	デザイン選択

①[デザイン]タブをクリックした後、バリエーションの▾を押し、②[フォント]には③[HG創英角ゴシックUB]を選択します。

2．タイトルを入力して画像を配置してみよう

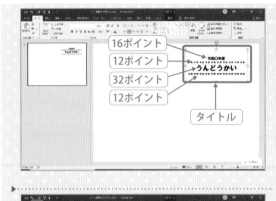

1　タイトルの入力

タイトルのサイズを右半分に収まるよう縮小し、下のように入力します（中央揃え）。

令和〇年度

☆★ ☆★ ☆★

うんどうかい

☆★ ☆★ ☆★

2　タイトルの行間調整

①タイトルをクリックし、②[ホーム]タブから③[行間]→④[1.5]を選択し、行間を調整します。

3　画像の挿入

「うんどうかい」にふさわしいイラストを準備し、画像を挿入しましょう。ファイルから取り込む場合、①[挿入]タブから②[画像]→③[このデバイスから]を選択します。

3．イラストと横書きテキストボックスを配置してみよう

1　イラストの配置とサイズ調整

挿入されたイラストのサイズを調整し、配置します。

2　テキストボックスの挿入(1)

①[挿入]タブから②[テキストボックス]→③[横書きテキストボックスの描画]をクリックし、テキストボックスを配置します。④「みらいこども園」と入力します。文字入力が終わったら、テキストボックスのサイズと位置を調整します。

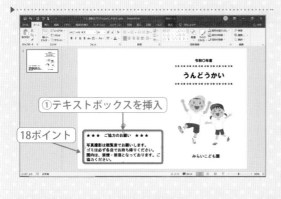

3　テキストボックスの挿入(2)

左下に①テキストボックスを挿入し、次のように入力します。

★★★　ご協力のお願い　★★★
写真撮影は観覧席でお願いします。
ゴミは必ず各自でお持ち帰りください。
園内は、禁煙・禁酒となっております。ご協力ください。

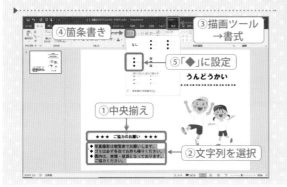

4　箇条書きの設定

「ご協力のお願い」の行を①中央揃えにします。

その下の3行は、②文字列を選択し、③[ホーム]タブから④[箇条書き]の⑤[◆]に設定します。

4．テキストボックスを組み合わせて図を作ろう

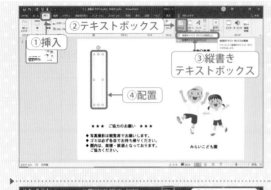

1 縦書きテキストボックスの配置（1）

①［挿入］タブから②［テキストボックス］→③［縦書きテキストボックス］をクリックし、④配置します。

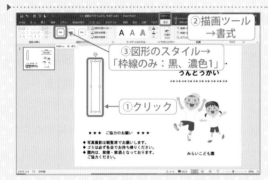

2 テキストボックスの枠線の設定

テキストボックスを①クリックし、②［描画ツール］タブから［書式］→③［図形のスタイル］→［枠線のみ：黒、濃色1］を選択します。

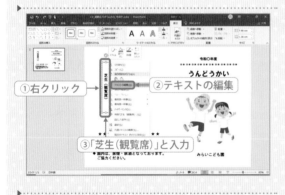

3 テキストボックス内の文字配置

テキストボックスの上で①右クリックし、②［テキストの編集］を選択します。

テキストボックス内に③［芝生（観覧席）］と入力し、［ホーム］タブから［段落］→［中央揃え］に設定します。

4 縦書きテキストボックスの配置（2）

同様に、①［縦書きテキストボックス］を2つ配置し、それぞれ②「入場門」「観覧席」と入力します。

5 横書きテキストボックスの配置（1）

［挿入］タブから「テキストボックス」→①［横書きテキストボックス］で横書きのテキストボックスを2つ配置します。

それぞれ②「観覧席」「用具」と入力します。

6 横書きテキストボックスの配置（2）

［挿入］タブから「テキストボックス」→①［横書きテキストボックス］で横書きのテキストボックスを2つ配置します。

それぞれ②「本部」と「観覧席」と入力します。

7 運動会トラックの配置（1）

①［挿入］タブから②［図形］→③［フローチャート：論理積ゲート］をクリックし、半分のトラックとして配置します。

「描画ツール」→「書式」→「図形のスタイル」→「枠線のみ：黒、濃色1」を選択します。

8 運動会トラックの配置（2）

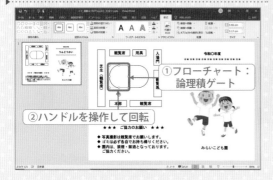

同様に、［挿入］タブから［図形］→①［フローチャート：論理積ゲート］をクリックし、残り半分のトラックのとして配置します。②ハンドルを操作して回転させて位置合わせをします。

「運動会プログラム」の完成です！

写真や動画のスライドショーの作り方

思い出のスライドショー

◆クラスの思い出のスライドショーを作成してみましょう。卒園式のときに上映すれば園生活を振り返ることができます。

3つのポイント

★スライドのデザインを設定し、タイトルを入れてみよう
★思い出の写真を入れてアニメーションの設定をしてみよう
★スライドにBGMを付けて動画にしてみよう

お手本

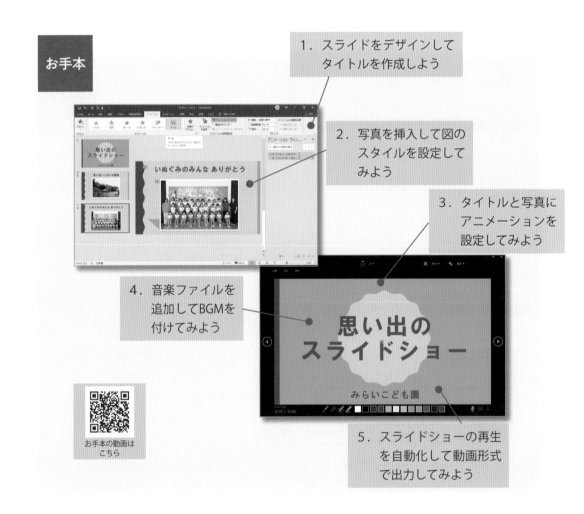

1. スライドをデザインして タイトルを作成しよう

2. 写真を挿入して図の スタイルを設定して みよう

3. タイトルと写真に アニメーションを 設定してみよう

4. 音楽ファイルを 追加してBGMを 付けてみよう

お手本の動画は こちら

5. スライドショーの再生 を自動化して動画形式 で出力してみよう

1．スライドをデザインしてタイトルを作成しよう

1　スライドサイズの設定

PowerPointを起動し、新規に白紙の［新しいプレゼンテーション］を表示させます。
①［デザイン］タブをクリックし、②［スライドのサイズ］→③［ワイド画面（16：9）］を選択します。

2　デザインのテーマ選択

①［デザイン］タブをクリックし、［テーマ］から②［バッジ］を選択します。

Point　［デザイン］タブから［テーマ］を選ぶと統一したデザインを使うことができます。「思い出のスライドショー」にあったデザインを選択してみましょう。

3　デザインの配色

①［デザイン］タブをクリックし、［バリエーション］の右にある▾から②［配色］→③［デザート］を選択します。

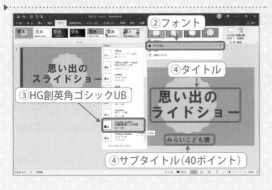

4　デザインのフォント選択

①3と同様にバリエーションの▾をクリックし、②フォントには③［HG創英角ゴシックUB］を選択します。④タイトルに「思い出のスライドショー」、⑤サブタイトルに「みらいこども園」（40ポイント）と入力します。

2．写真を挿入して図のスタイルを設定してみよう

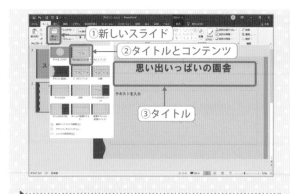

1　新しいスライドの追加

写真を7枚ほど準備しましょう。

①[ホーム]タブから[新しいスライド]をクリックし、②[タイトルとコンテンツ]を選択します。写真に対するタイトルをつけてみましょう。ここでは一例として、③タイトルに「思い出いっぱいの園舎」と入力します。

2　写真の挿入

挿入する写真を準備しましょう。写真の挿入は下のコンテンツ枠内にある①[図]をクリックし、写真が保存されているフォルダを選択し、③[挿入]します。

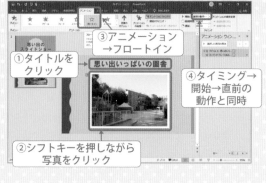

3　図のスタイルの設定

挿入した写真をクリックし、①[図ツール]タブから[書式]→[図のスタイル]→②[標準的な枠、白]を選択します。
写真をクリックし、四隅のハンドルをつかんで、③写真のサイズを調整します。

4　アニメーションの設定

①タイトルをクリックし、②シフトキーを押しながら写真をクリックして、③[アニメーション]タブから[フロートイン]を設定します。④[タイミング→開始→直前の動作と同時]を選択します。

3．タイトルと写真にアニメーションを設定してみよう

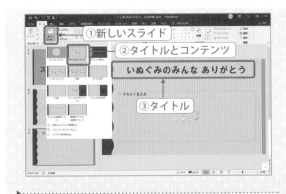

1　新しいスライドの追加

①[ホーム]タブから[新しいスライド]をクリックし、②[タイトルとコンテンツ]を選択します。

③タイトルを入力します。ここでは一例として「いぬぐみのみんな ありがとう」と入力します。

2　写真の挿入

挿入する写真を準備しましょう。写真の挿入方法は、①「図」をクリックし、②写真が保存されているフォルダを選択し、③「挿入」します。

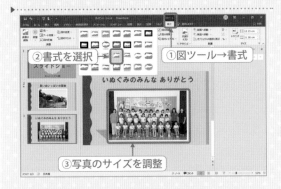

3　図のスタイルの設定

図のスタイルは、枠線、影や効果などの書式が組み合わさっているので図を美しく簡単に装飾できます。

写真には①[図ツール]タブから[書式]→図のスタイルから、②写真に合う書式を選びましょう。③写真のサイズを調整します。

4　アニメーションの設定と3枚目以降の写真追加

①タイトルをクリックし、②シフトキーを押しながら写真をクリックして、③[アニメーション→ズーム]など、写真に合うものを設定します。④[タイミング→開始→直前の動作と同時]を選択します。

3枚目以降の写真も準備し、スライドを追加しましょう。

4．音楽ファイルを追加してBGMを付けてみよう

1 BGMの準備と追加

著作権に注意をして、ＢＧＭファイルを準備
しましょう。

①1枚目のスライドをクリックし、［挿入］タ
ブから②「オーディオ」→③「このコンピュー
タ上のオーディオ」を選択します。

2 音楽ファイルの選択

①音楽ファイルを選択して②「挿入」を押しま
す。

3 バックグラウンド再生の設定

①［🔊］サウンドアイコンをクリックし、②
［オーディオツール］→［再生］→③［バックグ
ラウンドで再生］を選択します。

Column　保育の現場での音楽利用について

　　園での行事の場合、雰囲気を盛り上げてくれるのが音楽です。音楽にも著作権があるので、使
用には著作権法を守りましょう。

　　音楽の場合、著作権と著作隣接権があるのが特徴です。音楽の著作権は、作詞者や作曲者が有
する権利です。多くの場合、日本音楽著作権協会（JASRAC）に委託されています。

　　音楽の著作隣接権には2種類あり、音楽CD等の原版を制作した者が有する「レコード製作者の
権利」と、演奏したり歌ったりする者が有する「実演家の権利」があります。

　　CD等の音源使用は通常、著作権と著作隣接権の両方の許諾が原則必要ですが、卒園式（卒業式）
等でのCD音源等の利用は、著作権法第38条により「非営利・無償・無報酬での演奏」の場合であれば、
例外として無許諾でも利用できます。また、ここで学んだような、スライドショーのBGMの利用
も「授業」の範囲でコピー・編集を行う場合には、例外として無許諾でも利用できます（第35条）。

5．スライドショーの再生を自動化して動画形式で出力してみよう

1　スライドショーの実行

ひとまず「思い出のスライドショー」が完成しました。①[スライドショー]→②[最初から]を実行して確認してみましょう。

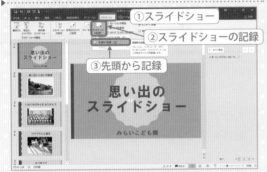

2　スライドショーの記録

スライド再生を自動化しましょう。
①[スライドショー]タブから②[スライドショーの記録]をクリックし、③[先頭から記録]を選択します。

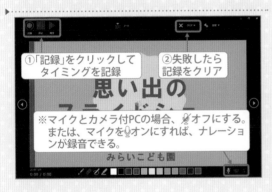

3　スライドショーの再生タイミングの記録

①[◎記録]をクリックして再生のタイミングを記録します。音楽の再生に合わせてマウスをクリックし、記録します。[停止]で終了です。②失敗したら記録をクリアしてやり直しができます。完了したら再生してみましょう。

Point　マイク付きのPCがあれば、あとからナレーションを録音できます。

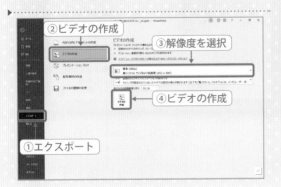

4　汎用動画形式（MP4）として出力

PowerPoint上部のタブから[ファイル]をクリックし、①[エクスポート]→②[ビデオの作成]→③[解像度を選択]→④[ビデオの作成]を選択します。MP4形式の動画出力が完了したら再生し確認してみましょう。

手遊び動画のスライドショー

◆手遊び動画のスライドショーを作成してみましょう。PowerPointは動画を取り込むことができ、歌詞にアニメーションを付けることで楽しい手遊び動画が完成します。

3つのポイント

★手遊び動画を撮影し、スライドショーに配置してみよう
★手遊びの歌詞にアニメーションを設定してみよう
★スライドショーを自動化して動画に変換してみよう

お手本

1. スライドをデザインして手遊び動画のタイトルを作成しよう

2. ビデオを配置してビデオスタイルを設定してみよう

3. 動画の再生位置を調整し、手遊びの歌詞を入力してみよう

5. スライドショーの再生を自動化して動画形式で出力してみよう

お手本の動画は
こちら

4. 歌詞にワードアートを設定し、アニメーションを付けてみよう

1. スライドをデザインして手遊び動画のタイトルを作成しよう

1 スライドサイズの設定

PowerPointを起動し、新規に白紙の「新しいプレゼンテーション」を表示させます。
①[デザイン]タブをクリックし、②[スライドのサイズ]→③[ワイド画面(16:9)]を選択します。

2 デザインのテーマ選択

①[デザイン]タブをクリックし、「テーマ」から②[木版活字]を選択します。

3 デザインのフォント選択

①[デザイン]タブをクリックした後、バリエーションの▽を押し、②フォントには③[HG創英角ゴシックUB]を選択します。

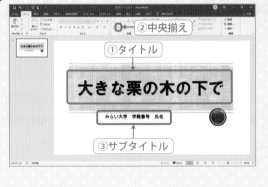

4 タイトルの入力

動画にしたい曲のタイトルを入力します。ここでは、①タイトルに「大きな栗の木の下で」と入力し、②中央揃えにします。
③サブタイトルに学籍番号と氏名を入力し、同様に中央揃えにします。

189

2．ビデオを配置してビデオスタイルを設定してみよう

1 新しいスライドの追加と動画の準備

①「新しいスライド」をクリックし、②「タイトル付きのコンテンツ」を選択します。

手遊び動画を撮りましょう。背景と音声にも注意しながら、スマートフォンなどで撮影し、PCに取り込みましょう（p.209参照）。

2 ビデオの挿入

左側のコンテンツ枠内にある①[ビデオの挿入]をクリック、②「1」で撮影した動画のファイルを選択し、③「挿入」します。

3 ビデオスタイルの設定

①[ビデオツール]の[書式]をクリックし、[ビデオスタイル]の中から②[楕円、ぼかし]など、動画に合う書式スタイルを選択します。

4 図形に合わせた動画のトリミング

①[ビデオツール]の[書式]をクリックし、②[トリミング]を選択します。動画の四隅にある黒い③[トリミングハンドル]を移動させて、人物が真ん中にくるように人物の位置を調整します。

3. 動画の再生位置を調整し、手遊びの歌詞を入力してみよう

1 動画の拡大

四隅のハンドルで動画を拡大します。動画を見やすくするために、左のプレースホルダーからはみ出さない程度に拡大します。

2 動画の再生位置の調整

①[ビデオツール]の[再生]タブから[ビデオのオプション]→②[ビデオのトリミング]を選択します。③緑のスライダーを動かし、開始時間が約「01:00」秒になるように設定し、先頭1秒の不要部分を削除します。

3 手遊びタイトルの入力

「大きな栗の木の下で」と①タイトルに入力をし、上方に枠を移動させます。
②フォントに44ポイントを設定し、位置は③中央揃えにします。

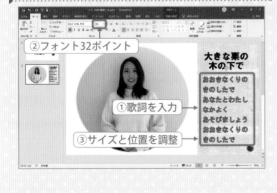

4 歌詞の入力

①歌詞を入力します。②フォントを32ポイントに設定します。
歌詞の枠を大きくし、③サイズと位置を調整します。

4．歌詞にワードアートを設定し、アニメーションを付けてみよう

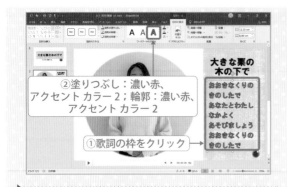

1　ワードアートの設定

①歌詞の枠をクリックし、ワードアートのスタイルとして、②[塗りつぶし：濃い赤、アクセント カラー 2；輪郭：濃い赤、アクセント カラー 2]など、デザインに合うスタイルを選択します。

2　アニメーションの設定

①歌詞の枠をクリックします。
②[アニメーション]タブをクリックし、③[フェード]など、歌詞に合うアニメーションを選択します。

3　「おしまい」のスライド作成

①挿入タブの[新しいスライド]をクリックし、②[タイトルのみ]を選択します。

4　タイトルの配置

「～おしまい～」と①タイトルに入力し、[中央揃え]にします。
②[描画ツール]タブから[書式]→③[配置]をクリックし、「配置」→④[上下中央揃え]を選択します。

5．スライドショーの再生を自動化して動画形式で出力してみよう

1 スライドショーの実行

ひとまず「手遊び動画」のスライドが完成しました。①［スライドショー］タブから②［最初から］を実行して確認してみましょう。

手遊びの歌詞は、マウスをクリックして手動で順番に歌詞を出します。

2 スライドショーの記録

歌詞の再生を自動化しましょう。

2枚目の手遊び動画のサムネイルを①クリックします。②［スライドショー］タブから③［スライドショーの記録］をクリックし、④［現在のスライドから記録］を選択します。

3 手遊び歌詞の再生タイミングの記録

①［◎記録］をクリックして再生のタイミングを記録します。手遊び動画の再生に合わせてマウスをクリックし、歌詞を登場させ、「停止」で終了です。②失敗したら記録をクリアしてやり直しができます。完了したら再生してみう。

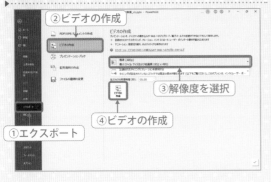

4 汎用動画形式(MP4)として出力

PowerPoint上部のタブから［ファイル］タブをクリックし、①「エクスポート」→②「ビデオの作成」→③「解像度を選択」→④「ビデオの作成」を選択します。MP4形式の動画出力が完了したら再生し確認してみましょう。

演習課題

① 「なぞなぞ・クイズ」を作成しよう

お手本はこちら

園児向けのなぞなぞやクイズをPowerPointで作成してみましょう。なぞなぞは言葉遊びや頓智を使う遊びです。クイズは知識が必要になる遊びです。

- 子どもたちが答えられるような問題を考えてみましょう。
- PowerPointでスライドを作成し、①問題、②ヒント、③答えを順番に表示するようにアニメーション効果を付けて演出しましょう。
- 効果音も付けるとさらに楽しくなります。

② どろだんごなどの「ドキュメンテーション」を作成しよう

お手本はこちら

ドキュメンテーションは子どもの学習過程や活動過程を可視化した記録です。従来の保育記録は主に文字や図で構成されてきましたが、デジタルカメラで撮影した写真を取り入れることで、保育者だけでなく、子どもや保護者にもわかりやすい保育記録=「ドキュメンテーション」になります。

- PowerPointを活用してどろだんごなどの「ドキュメンテーション」を作成してください。

③ 園生活ポスターを作成しよう

お手本はこちら

保育の場面で掲示できる「園生活ポスター」を作成してください。園生活の様々な場面でのルールや行動の仕方をイラスト付きのポスターにして、子どもたちが自分から楽しく行動して成長できるように工夫しましょう。

④ 「子どもの歌のスライドショー」を作成しよう

お手本はこちら

PowerPointを使って童謡等の「子どもの歌のスライドショー」を作成してください。

- スライドには場面に合わせたイラストを入れ、歌に合わせて歌詞が登場するようにアニメーション効果を付けて再生速度を調整してください。
- スライドの中ではできるだけ連続して自動再生されるように調整しましょう。
- 完成したら発表してみんなで歌ってみましょう。

総合編

WordとExcelの統合的な使い方

宛名ラベルを作ってみよう

◆Excelで作成した園児保護者の住所録を元に、そのリストをWordに読み込んで、宛名ラベルを作成してみましょう。またWordとExcelの統合的な使い方を学びましょう。

3つのポイント

★Excelで住所録のリストを作成し、データファイルを作成しよう
★Wordでメイン文書を新規作成し、差し込みフィールドを設定しよう
★住所リストのデータを読み込んで宛名ラベルを差し込み印刷してみよう

お手本

1. Excelで住所録のリストを作成しよう

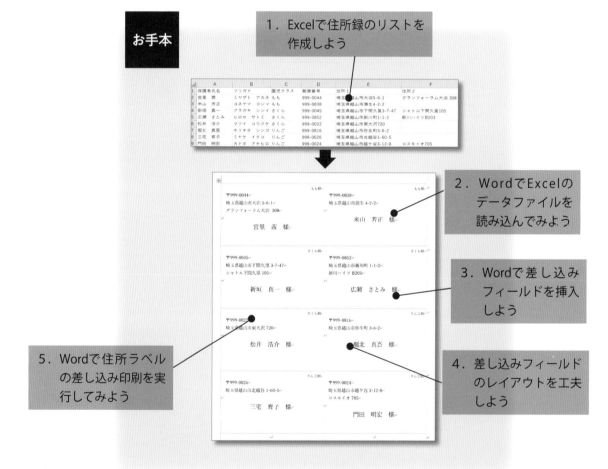

2. WordでExcelのデータファイルを読み込んでみよう

3. Wordで差し込みフィールドを挿入しよう

4. 差し込みフィールドのレイアウトを工夫しよう

5. Wordで住所ラベルの差し込み印刷を実行してみよう

1. Excelで住所録のリストを作成しよう

1 項目ラベルの入力

①Excelを起動し、「空白のブック」を表示させます。②A1をクリックしてアクティブにします。③半角/全角を押して日本語入力モードにします。④A1に「保護者氏名」、B1に「フリガナ」、C1に「園児クラス」、D1に「郵便番号」、E1に「住所1」、F1に「住所2」とそれぞれ入力します。

2 データの入力

①A2～A9に保護者氏名の文字列を漢字で入力します。②A列とB列の境界線の上にマウスを重ね、ポインタを┿の形にしてダブルクリックします。A列の幅が自動調整され広がります。③左図を参照してB列に「フリガナ」、C列に「園児クラス」、D列に「郵便番号」、E列に「住所1」、F列に「住所2」のデータを入力します。④列幅を自動調整します。

3 データファイルの保存

①Excel画面左上の[ファイル]タブをクリックします。②[名前を付けて保存]を選択します。③[参照]をクリックします。④[名前を付けて保存]画面が表示されるので、保存先を選択します。[ドキュメント]に保存する場合には、左側の画面で[ドキュメント]を探して選択します。⑤ファイル名を入力します。今回は「住所録」としています。⑥右下の[保存]をクリックします。

2．WordでExcelのデータファイルを読み込んでみよう

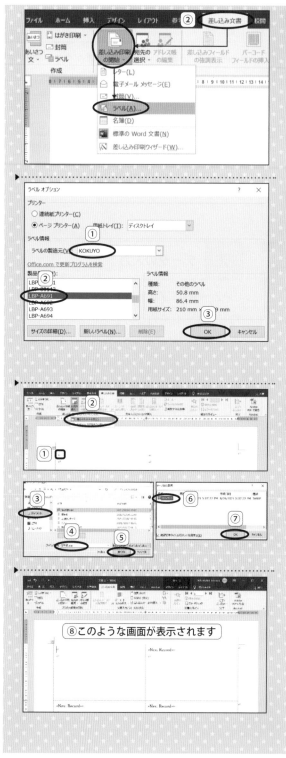

1　メイン文書の起動

①Wordを起動し、「白紙の文書」を表示させます。②[差し込み文書]タブの[差し込み印刷の開始]グループを開き、[ラベル]を選択します。

2　ラベルの種類の選択

ラベルオプションでは使用するラベルのメーカーを選択することで、自動的にフォーマットが挿入されます。①[ラベルオプション]で、今回はラベルの製造元を[KOKUYO]にします。②製品番号は[LBP-A691]を選びましょう。③[OK]を押します。画面に表が挿入され、ラベルの仕切り線が表示されます。

3　データファイルの読み込み

①一番左上の改行を選択します。②[差し込み文書]タブの[宛先の選択]を開き、[既存のリストを使用]を選択します。③ここで、Excelで作成した「住所録」のファイルを選択します。ファイルを[ドキュメント]に保存した場合には、ファイルの場所を「ドキュメント]に変更します。④「住所録」を選択します。⑤[開く]を選択します。⑥[テーブルの選択]ボックスが表示されます。[Sheet1&]が選択されていることを確認します。⑦[OK]を選択します。⑧図のような画面が表示され、Excelのデータを挿入する準備ができました。

3．Wordで差し込みフィールドを挿入しよう

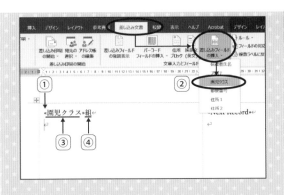

1 差し込みフィールドの挿入

①ラベル内の一番左上が選択（マウスの縦棒が点滅）されていることを確認します。②[差し込み文書]タブの[差し込みフィールドの挿入]を開き、[園児クラス]を選択します。Excelで設定した表の一番上の行に入力した項目が、Wordの[差し込みフィールドの挿入]で表示される項目と連動しています。③一番左上のラベルに«園児クラス»と挿入されます。④右側に「組」と入力します。

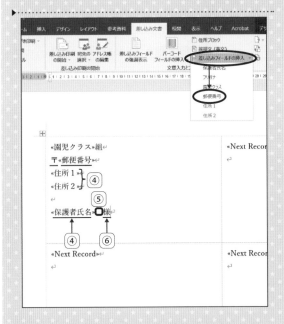

2 郵便番号、住所、氏名フィールドの挿入

1と同様に、「郵便」「住所」「氏名」のフィールドも挿入してみましょう。①カーソルを2行目の先頭に配置します。「ゆうびん」と入力して変換し、「〒」の記号を入力します。②[差し込みフィールドの挿入]を開き、[郵便番号]を選択します。③«郵便番号»フィールドが挿入されます。④同様に3行目に«住所1»フィールド、4行目に«住所2»フィールドを挿入し、5行目を改行してから6行目に«保護者氏名»フィールドを挿入します。⑤ Space を1回押して、全角の空白を一つ入れます。⑥最後に「様」と入力します。

4．差し込みフィールドのレイアウトを工夫しよう

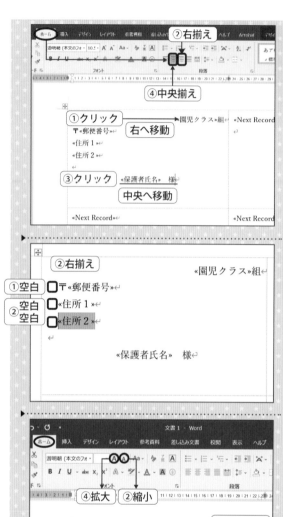

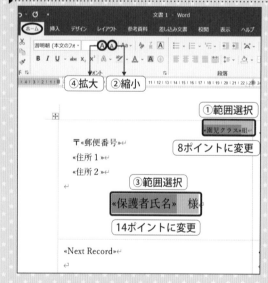

1　右揃えと左揃え

①1行目をマウスでクリックします。②[ホーム]タブの[右揃え]をクリックします。「《園児クラス》組」がラベル内の右側に移動します。③6行目をマウスでクリックします。④[ホーム]タブの[中央揃え]をクリックします。「《保護者氏名》　様」がラベル内の中央に移動します。

2　差し込みフィールドの位置変更

①2行目の「〒」の左側でマウスをクリックします。Space を1回押して、全角の空白を一つ入れます。②3行目の《住所1》、及び4行目の《住所2》も同様に全角の空白を一つ入れ、位置を右側に1マスずらします。

3　差し込みフィールドの文字の大きさ変更

①1行目の「《園児クラス》組」を範囲選択します。文字列全体を、マウスを左クリックしたままでドラッグしてください。②範囲選択した状態で、[ホーム]タブの[フォントサイズの縮小]を何度かクリックして、フォントサイズを8ポイントに変更します。③同様に、6行目の《保護者氏名》を範囲選択します。6行目全体をマウスを押したままドラッグして下さい。④[ホーム]タブの[フォントサイズの拡大]を何度かクリックして、フォントサイズを14ポイントに変更します。

5．Wordで住所ラベルの差し込み印刷を実行してみよう

① 複数ラベルに反映

1 他のラベルへの差し込みフィールドの反映

①[差し込み文書]タブの[複数ラベルに反映]を選択します。図のように、他のラベルに差し込みフィールドが挿入されます。

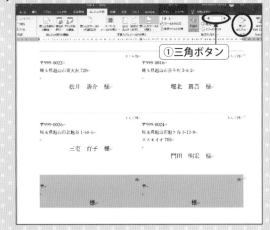

② 結果のプレビュー

2 エクセルデータの反映

①続いて、[差し込み文書]タブの[結果のプレビュー]を選択します。②図のように、すべてのラベルにExcelのデータが反映されます。

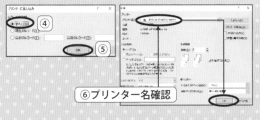

① 三角ボタン

3 不要データの削除と印刷の実行

①[差し込み文書]タブの[結果のプレビュー]ボックスにある三角ボタンを押すと、印刷の開始番号を選択することができます。今回は1を選択して先頭から印刷します。②画面下の2つのラベルはデータがありません。マウスで範囲選択をして Delete を押して、「〒」や「様」を消しておきましょう。③[差し込み文書]タブの[完了と差し込み]フィールドから、[文書の印刷]を選択します。④[プリンターに差し込み]ボックスから[すべて]を選びます。⑤[OK]を押します。⑥[印刷]ボックスが表示され、[プリンター名]を確認して[OK]を押します。

④
⑤ OK
⑥ プリンター名確認

WordとExcelの統合的な使い方

バースデーカードを作ってみよう

◆Excelで園児たちのお誕生日データを作成し、そのデータをリストとしてWordに読み込んでバースデーカードを作成してみましょう。

3つのポイント

★Excelで作成した表のリストをデータとして利用する方法を学ぼう
★文書の任意の場所に差し込みフィールドを挿入する方法を学ぼう
★バースデーカードのデザインを工夫して結果のプレビューをしてみよう

お手本

1. Excelでお誕生日リストのデータファイルを作成しよう

	A	B	C	D	E	F	G	H
1	姓	名	YY	MM	DD	年齢	身長	体重
2	あべ	ゆうり	2017	10	3	3	95	14.5
3	いわはし	かな	2017	6	21	3	93	13.2
4	かねだ	ありさ	2017	9	30	3	90	12.6
5	さいとう	つばさ	2017	4	12	3	98	15.3
6	なかの	ゆう	2018	2	6	3	93	13.5
7	まえの	るな	2017	11	13	3	88	12.5

2. Wordでバースデーカードのタイトルと画像を入れよう

3. バースデーカードに差し込みフィールドを挿入しよう

4. テキストボックスに文字と差し込みフィールドを挿入しよう

5. デザインの工夫と結果のプレビューをしてみよう

1．Excelでお誕生日リストのデータファイルを作成しよう

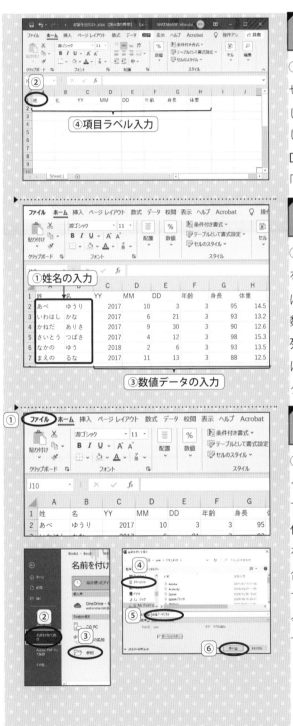

④項目ラベル入力

①姓名の入力

③数値データの入力

1 項目ラベルの入力

①Excelを起動し、「空白のブック」を表示させます。②A1をクリックしてアクティブにします。③ [半角/全角] を押して日本語入力モードにします。④A1に「姓」、B1に「名」、C1に「YY」、D1に「MM」、E1に「DD」、F1に「年齢」、G1に「身長」、H1に「体重」とそれぞれ入力します。

2 データの入力

①左図を参照して、A2 ～ A7に「姓」の文字列をひらがなで入力します。同様に、B2 ～ B7に「名」を入力します。② [半角/全角] を押して半角英数字モードにします。③左図を参照して、C列に「YY」、D列に「MM」、E列に「DD」、F列に「年齢」、G列に「身長」、H列に「体重」のデータを入力します。

3 データファイルの保存

①Excel画面左上の[ファイル]タブをクリックします。②[名前を付けて保存]を選択します。③[参照]をクリックします。④[名前を付けて保存]画面が表示されるので、保存先を選択します。[ドキュメント]に保存する場合には、左側の画面で[ドキュメント]を探して選択します。⑤ファイル名を入力します。今回は「お誕生日リスト」としましょう。⑥右下の[保存]をクリックします。

２．Wordでバースデーカードのタイトルと画像を入れよう

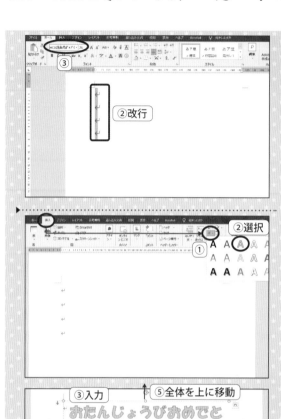

1 メイン文書の起動とタイトルの入力

①Wordを起動し、「白紙の文書」を表示させます。②３回改行して改行コードを4行分表示させておきます。③４つの改行コードをすべて選択し、文字のフォントを[HGS創英角ポップ体]、大きさを26ポイントに変更します。

2 ワードアートの挿入

①マウスのカーソルを１行目に配置し、[挿入]タブの[ワードアート]を開きます。②[塗りつぶし：オレンジ　アクセントカラー　2]を選択します。③「ここに文字を入力」と表示されるので、「おたんじょうびおめでとう」と入力します。④ボックスの左線と右線をそれぞれマウスで左右にドラッグし、幅を広げます。⑤ワードアートの枠線を選択し、全体を上にドラッグして移動させます。

3 ケーキ画像の挿入

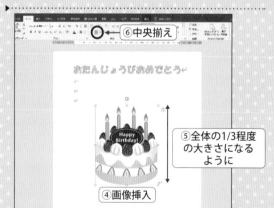

①マウスのカーソルを４行目に配置します。②[挿入]タブの[画像]を開き、[オンライン画像]を選択します。③「お誕生日ケーキ　イラスト」と入力して画像検索します。④お好みのケーキのイラストを選択して挿入します。⑤画像の四隅をドラッグして、画像の大きさが紙面の高さの1/3程度になるように調整します。
⑥[ホーム]タブの[中央揃え]を選択して、画像を左右の中央に配置します。

3．バースデーカードに差し込みフィールドを挿入しよう

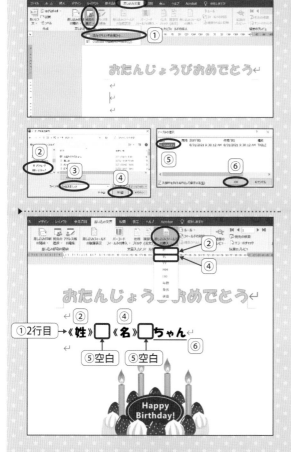

1　Excelデータファイルの読み込み

①[差し込み文書]タブの[宛先の選択]を開き、[既存のリストを使用]を選択します。②Excelで作成した「お誕生日リスト」を保存したフォルダを指定します。③「お誕生日リスト」ファイルを選択します。④[開く]を選択します。⑤[Sheet1&]を選択し、⑥[OK]を押します。

2　氏名の差し込みフィールドの挿入

①カーソルを2行目に配置します。②[差し込み文書]タブの[差し込みフィールドの挿入]を開き、[姓]を選択します。2行目に《姓》が挿入されます。③右側に Space を押して全角の空白を一つ入れます。④再び[差し込みフィールドの挿入]を開き、[名]を選択します。《名》が挿入されます。⑤全角の空白を一つ入れます。⑥最後に「ちゃん」と入力します。

3　生年月日の差し込みフィールドの挿入

①カーソルを3行目に配置します。②[差し込みフィールドの挿入]から[YY]を選択します。《YY》が挿入されます。③右側に「年」と入力します。④同様にして、[差し込みフィールドの挿入]から[MM]を選択して《MM》の右側に「月」、[DD]を選択して《DD》の右側に「日」と入力します。⑤ Space で全角の空白を一つ入れます。⑥[差し込みフィールドの挿入]から、[年齢]を選択し、《年齢》の右側に「さい」と入力します。

4．テキストボックスに文字と差し込みフィールドを挿入しよう

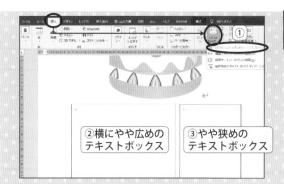

1　テキストボックスの挿入

①［挿入］タブの［テキストボックス］を開き、［横書きテキストボックスの描画］を選択します。②紙面の左下にやや幅の広めのテキストボックスを挿入します。③さらに紙面の右下にやや幅の狭めのテキストボックスを挿入します。

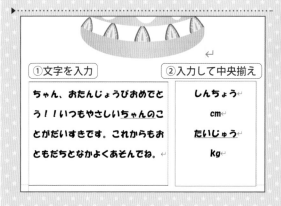

2　文字の入力

①左下のテキストボックス内に図のように文字を入力します。文字のフォントは［HGS創英角ポップ体］、大きさを16ポイントに変更します。②右下のテキストボックス内は1行目に「しんちょう」、2行目に「cm」、3行目に「たいじゅう」、4行目に「kg」と入力して中央揃えにします。文字のフォントも左と同様に設定します。

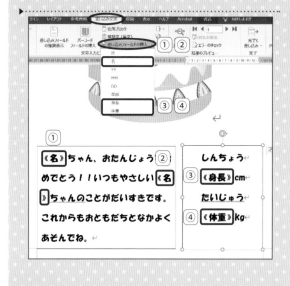

3　差し込みフィールドの挿入

①左下のテキストボックス内で、最初の「ちゃん」の左側をクリックし、［差し込み文書］タブの［差し込みフィールドの挿入］から«名»を挿入します。②同様に、2番目の「ちゃん」の左側をクリックし、«名»を挿入します。③右下のテキストボックス内で、2行目「cm」の左側をクリックし、［差し込みフィールドの挿入］から«身長»を挿入します。④同様に、4行目「kg」の左側をクリックし、«体重»を挿入します。

5．デザインの工夫と結果のプレビューをしてみよう

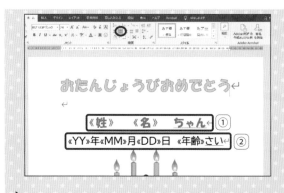

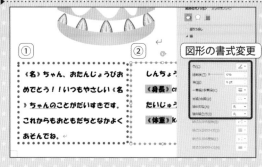

図形の書式変更

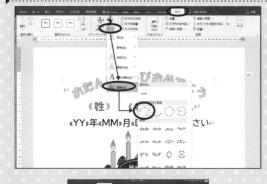

②結果のプレビュー

データが反映される

1　氏名と生年月日のデザイン変更

①「《姓》　《名》　ちゃん」を範囲選択し、[ホーム]タブで文字の大きさを28ポイント、色をピンクに変更し、中央揃えにします。②同様に「《YY》年《MM》月《DD》日　《年齢》さい」の文字のフォントを[BIZ UDPゴシック体]、大きさを24ポイントに変更し、中央揃えにします。

2　テキストボックスのデザイン変更

①左のテキストボックス枠線の上で右クリックし、[図形の書式設定]を選択します。[図形の書式設定]ウィンドウで[線]を開き、[実線/点線]を[点線（丸）]、[線の先端]を[丸]、[線の結合点]を[丸]にします。[幅]を6ポイントに拡大し、色を[赤]に変更します。②右のテキストボックスでも同様に設定し、色は[緑]にします。

3　ワードアートのデザイン変更と結果のプレビュー

①上のワードアートの枠線を[ダブルクリック]します。[描画ツール]の[書式]タブで[文字の効果]を開き、[変形]から[アーチ]を選択します。さらにワードアートの枠線の下辺を選択し、下方向にドラッグするとアーチの曲率が変化します。②[差し込み文書]タブの[結果のプレビュー]を選択します。すべてのフィールドにエクセルのデータが反映されます。③[差し込み文書]タブの[完了と差し込み]フィールドから、[文書の印刷]をすることができます。

動画撮影と動画編集

保育の現場においても動画による記録撮影や情報発信は大切な活動の一つとなっています。ここでは、撮影した動画を編集し、SNS等にアップロードする方法について学びましょう。

1 動画の撮影とPCへのデータ転送

1 撮影機材

　動画素材を用意するためには、動画の撮影機材、すなわちカメラが必要です。最も手軽なのは、スマートフォンのカメラを用いる方法です。撮影から編集、YouTubeといった動画投稿サイトへの投稿まで、一連の操作をスマートフォンのみで行うことも可能です。しかし長時間の撮影では容量不足の恐れがあるなどのデメリットもあります。

　その他のカメラとしては、レンズの交換が可能なミラーレス一眼カメラや、長時間の動画撮影に向いているデジタルビデオカメラ(DVカメラ)等の種類があります。目的や用途に応じてカメラを選びましょう。

スマートフォン

ミラーレス一眼カメラ

DVカメラ

図1　いろいろな撮材機材

2 撮影機材の初期設定

　動画には画素数やフレームレート(動きの滑らかさ)、データ圧縮方法など、いろいろなデータサイズを決める要素があり、撮影時にその設定を行います。画質が良い動画は動画サイズが大きくなってしまいますし、逆に動画サイズを小さくすると画質が悪くなります。どの程度の動画サイズにするのかは、事前にテスト撮影したデータをパソコンに転送し、画質を確認した上で決めましょう。

　YouTubeに投稿する動画の場合には、アスペクト比は「16:9」、解像度はフルHDで「1920×1080」ピクセル(1080p)またはHDで「1280×720」ピクセル(720P)が標準となります。またフレームレー

トは30fps（1秒間に30コマ）が標準です。iPhoneで1080p、30fpsで1分間の撮影を行うと、データサイズは60MB程度となります。

3 データをPCに転送する方法

ミラーレス一眼カメラやDVカメラ等で撮影した動画データは、専用のケーブルやWi-Fi等でPCと接続することにより、PC画面上の操作でデータを転送することができます（図2）。また、カメラにSDカード等の外付けメモリ（記憶媒体）を利用できる場合には、動画データを書き込んだメモリをカードリーダーに入れてPC側に接続して開き、転送することができます。

スマートフォンのカメラで撮影した動画データの場合も同様に、専用のケーブルとPCとを接続することにより、スマートフォンで撮影した写真や動画のデータをPCやUSBメモリ等に転送することができます。たとえばiPhoneの場合には、ライトニングケーブルを用いてPCのUSB端子と接続することができます。接続後、スマートフォン側で「写真やビデオへのアクセスを許可」することで、PC側でスマートフォン内の画像や動画のデータを開くことができるようになりますので、必要はデータをPC側にコピーします（図3）。Androidスマートフォンの場合にも同様にケーブルを用いてPCのUSBに接続し、データを転送することができます。

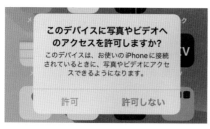

1．スマートフォンの端末画面で「写真やビデオへのアクセスを許可しますか？」と表示されたら、「許可」をタップします。

2．パソコン画面上にスマートフォンデバイスの記憶装置が表示されるので、ダブルクリックして中を表示させ、画像や映像が保存されているフォルダーを開きます。

図3　スマートフォン（iPhone）からPCへのデータ転送

ケーブルやアダプタがない場合には、クラウドサービスを利用してデータを転送するという方法もあります。Googleフォト、iCloud、Dropbox等、さまざまなクラウドサービスがありますので、スマートフォン側とパソコン側の両方で保存やコピーができるように設定しておくことでデータを転送することができますが、いずれも最初にアカウントの登録作業が必要です。

カードリーダー

ライトニングケーブル

図2　カードリーダーとライトニングケーブル

2 いろいろな動画編集ソフト

　動画編集ソフトやアプリには、PCで利用するもののほか、スマートフォンで利用するものもあり、多種多様です。まずは利用環境（WindowsなのかiOSなのか、iPhoneなのかAndroidなのか等）や操作の難易度、フリーソフトなのかシェアソフトなのか（無課金なのか、課金なのか）についてはよく確認しておきましょう。どのソフトを用いても操作方法は似ていますが、スマートフォンで利用できるものは比較的手軽で簡単にSNS連携できるものが多く、PCで操作するものは機能が充実しているものが多いのも特徴です。以下に代表的な動画編集ソフトをご紹介します。最新の情報はネット上で日々更新されますので検索してみてください。

1 PCの動画編集ソフト

①Premiere Pro

　動画編集ソフトの中でもプロフェッショナル向けの高度な編集機能を持っています。本書ではPremiere Pro 2021の操作画面を一例に操作方法の解説をしています。Adobe Creative Cloudで提供されるアプリの一つでPhotoshop等との連携もできます。ただしただし初心者にはややハードルが高いかもしれません。また利用するにはサブスクリクション（定期契約）での購入が必要です。

②Adobe Premiere Elements

　Adobeが開発する比較的シンプルな動画編集ソフトです。基本的な動画編集に必要な機能は搭載されており、Photoshop Elementsとの連携も可能です。利用するためにはパッケージソフトを購入する必要があります。

③Shotcut

　オープンソース（無料）で利用できる動画編集ソフトの一つです。初心者でも比較的利用しやすく機能も豊富です。広告ロゴが入ることもありません。ただしユーザーサポート等はありませんので、使い方についてはサイト等で調べてみてください。

2 スマートフォンの動画編集ソフト

①CapCut（iOS、Android）

　はじめての動画編集でも比較的簡単な操作で加工ができます。アプリ内課金はありません。

②VivaVideo（iOS、Android）

　テーマを利用して思い出のムービーづくりなどが簡単にできます。YouTube、Instagram、TikTokなどとの連携も容易です。マークを消すにはアプリ内での課金が必要です。

③iMovie（iOS）

　iPhone等のiOSにインストールされていて無料で利用することができます。InstagramやYouTube

などとの連携もできます。

④InShot（iOS、Android）

YouTube、Instagram、Facebook、TikTok等のSNSに容易にアップロードできます。無料でも利用できますが、課金をすることで広告を消すなどの操作が可能です。また有料版も提供されています。

3 さまざまな動画作品とその構成

1 制作の目的

動画を制作する場合には、最初に目的があるはずです。「お遊戯会の記録を保護者や園児たちにお知らせしたい」こともあれば、「園の先生たちが制作した手遊びの動画を見てもらいたい」こともあるかもしれません。動画制作を行う際には、誰に何を伝えたいのかということをはっきりとさせて、その目的を達成するためにはどのような表現や構成をするのが適切なのかを考える必要があります。その上で、動画素材や音、テロップを適切に配置するための方法を考えてみましょう。

2 絵コンテ

おおよその時間を想定して、絵コンテを制作しておくと動画の編集の見通しがつけやすくなります。場面（カット）ごとに、カメラワーク、声、音楽等の情報を書きだしていき、それを元に素材の用意をします。また。ドラマやミニ映画等の作品を制作する場合には、そのストーリー展開が重要となりますので、簡易的なものでも脚本を用意すると映像化しやすくなります。短時間の作品であれば、テレビCMのような映像であったり、音楽作品のプロモーションビデオ（PV）のようなものを想定してイメージを広げるのもよいでしょう。

3 素材の準備

動画編集のクリップ素材には、動画（サウンドあり）、動画（サウンドなし）、静止画、サウンド（バックミュージックや効果音等も含む）などの種類があります。これらの素材にテロップを組み合わせてタイムラインを構成します。それぞれの素材を自前で用意すればオリジナルの作品ができます。

4 著作権についての注意事項

ネット上にはいわゆるフリー素材が公開されており、利用規約を守った上で素材として利用することができる場合もあります。しかし一般にSNSやインターネット上にアップロードされている写

真や動画、音楽等を無断で転載したり加工したりすることは著作権法違反となります。有料で提供されている音楽や動画についても同様です。インターネット上には魅力的な素材がたくさんありますが、制作者に敬意を払う気持ちを忘れず、仮にフリー素材であっても利用規約には十分に注意した上で制作に使用するようにしてください。

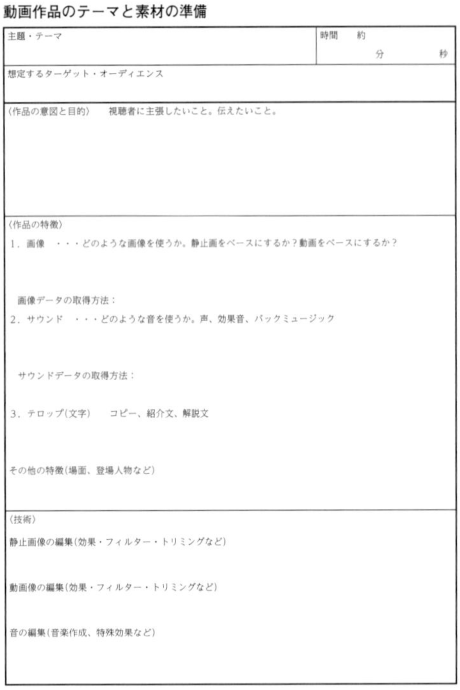

動画作品のテーマと素材の準備

主題・テーマ	時間　約　　分　　秒
想定するターゲット・オーディエンス	

(作品の意図と目的)　視聴者に主張したいこと。伝えたいこと。

(作品の特徴)
1. 画像　・・・どのような画像を使うか。静止画をベースにするか？動画をベースにするか？

　画像データの取得方法：
2. サウンド　・・・どのような音を使うか。声、効果音、バックミュージック

　サウンドデータの取得方法：

3. テロップ(文字)　コピー、紹介文、解説文

その他の特徴(場面、登場人物など)

(技術)
静止画像の編集(効果・フィルター・トリミングなど)

動画像の編集(効果・フィルター・トリミングなど)

音の編集(音楽作成、特殊効果など)

企画書の例

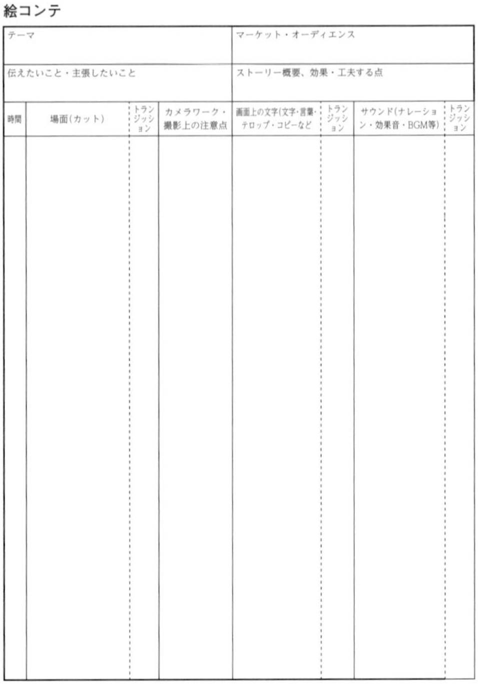

絵コンテ

テーマ			マーケット・オーディエンス			
伝えたいこと・主張したいこと			ストーリー概要、効果・工夫する点			
時間	場面(カット)	トランジッション	カメラワーク・撮影上の注意点	画面上の文字(文字・言葉・テロップ・コピーなど)	トランジッション	サウンド(ナレーション・効果音・BGM等)	トランジッション

絵コンテの例

図4　企画書や絵コンテのフォーマットの例

5 撮影方法を工夫しよう

①構図

　構図とは、被写体が画面内にどう配置されているのか、その画面構成やレイアウトのことです。被写体の全体を写し込む場合にはロング（ヒキ）、被写体の細部を写し込む場合にはアップ（ヨリ）、その中間はミドルといいます。被写体をどの位置に、どの大きさで配置するのかを工夫しましょう。

②アングル

　被写体に対するカメラの角度のことをアングルといいます。俯瞰・ハイアングル（上から撮影する）、目高・水平アングル（水平に撮影する）、あおり・ローアングル（下から撮影する）などの種類があります。

| ハイアングル
（上から下） | 標準
（水平） | ローアングル
（下から上） |

図5　アングル

③カメラワーク

　写真や動画撮影における撮影技法のことをカメラワークといいます。フィックス（カメラを固定して撮影する）、パン（カメラを左から右、右から左へと振る）、ティルト（カメラを上から下、下から上へと振る）、ズームイン・ズームアウト（カメラのズーム機能を使って被写体を拡大縮小する）、トラック（カメラを被写体と一緒に移動しながら撮影する）、ドリー（被写体に対してカメラを近づけたり遠ざけたりする）などの種類があります。

④光のあたり方

　被写体に対してどのような向き、角度、強さで光が当たっているのかに注意しましょう。光の方向には順光、逆光、サイド光（斜光）等の種類があります。順光は被写体の色や形を再現するのに適しています。逆光はカメラの撮影モードを自動にしていると被写体が暗く映ってしまいますので、露出補正等を行いながら調整します。サイド光は被写体の凹凸や立体感を表現するのに適しています。

　次頁からは具体的な編集の方法と、YouTubeへのアップロードを学んでいきましょう。

動画編集ソフトを用いた動画制作とSNSへのアップロード

お遊戯会の動画編集

◆園で行われる行事の様子を動画で撮影し、その映像を編集してみましょう。動画の撮影や編集するにはさまざまな方法がありますが、ここでは一般的な流れをご紹介します。

3つのポイント

★動画データをタイムライン上でカットや編集する方法を学ぼう
★動画に場面切り替えの効果や文字テロップを入れてみよう
★動画の音を調整して映像として書き出してみよう

お手本

1. 動画ファイルを
   編集ソフトに読
   み込もう

2. 動画をタイムライン
   上で編集しよう

3. 画面切り替え効果を
   入れてみよう

4. 文字テロップを
   入れてみよう

5. 音量の調整と映像の
   書き出しをしよう

1. 動画ファイルを編集ソフトに読み込もう

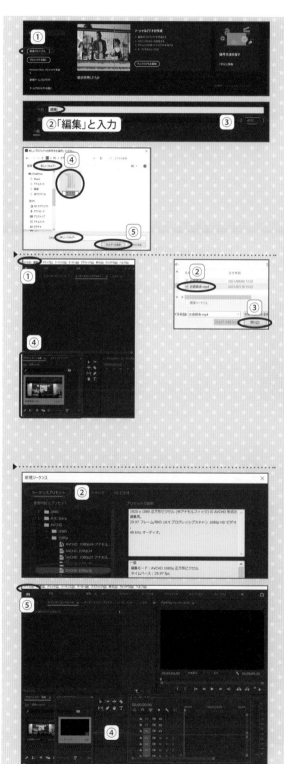

1　プロジェクトの作成

①Premiere Proを起動し、[新規プロジェクト]を選択します。②[名前]に「編集」と入力します。③[場所]の項目にある[参照]を開きます。④[新しいフォルダー]をクリックして、フォルダの名前を「お遊戯会」と入力します。⑤「お遊戯会」フォルダーを選択した状態で[フォルダーの選択]をクリックします。⑥[新規プロジェクト]画面で[OK]を押します。

2　動画ファイルの読み込み

PCにあらかじめ動画ファイルの素材を用意しておきます。①[ファイル]タブから[読み込み]を選択します。②動画ファイルが保存されているフォルダを選択し、動画ファイルを選択します。③[開く]をクリックします。④動画ファイルが読み込まれて[プロジェクト：編集]パネルに表示されます。

3　シーケンスの作成とプロジェクトの保存

①[ファイル]タブから[新規]を開き、[シーケンス]を選択します。②[シーケンスプリセット]から[AVCHD]を開き、[1080p]の中の[AVCHD 1080p30]を選択します。③[OK]をクリックします。④[シーケンス01]が[プロジェクト]パネルと[タイムライン]パネルに表示されます。⑤[ファイル]タブから[保存]を選択します。「お遊戯会」フォルダに「編集」という名前で上書き保存されます。なお、[別名で保存]を選択すると、別のフォルダに名前を付けて保存することもできます。

2．動画をタイムライン上で編集しよう

②ドラッグ＆ドロップ

①

③

②タイムラインインジケータ

①再生・停止

タイムラインの幅を変更

①切り取りたい場所に移動

②レーザーツール

③クリック

④選択ツール

⑤選択して

⑥右クリック
リップル削除

1　タイムラインへの素材配置

[メニューバー]のすぐ下に[ワークスペース]パネルがあります。今回は[編集]を選択しておきます。

①[プロジェクト：編集]パネルの「お遊戯会」クリップを選択します。②[シーケンス01]のV1とA1のライン上で、左側にドラッグ＆ドロップします。③[クリップの不一致に関する警告]が表示されたら[現在の設定を維持]を選択します。

2　動画の再生

①[プログラム]モニターの[再生]▶か、Space を押すことで動画の再生・停止ができます。②[タイムライン]パネル上部の[タイムラインインジケーター]を左右に動かすことで、時間の位置を変更できます。また、パネル下部のバーを左右に動かすことで、タイムラインの表示幅を変更できます。

3　不要部分の映像削除

①動画の冒頭部分を削除します。切り取りたい位置にタイムラインインジケータを移動します。②[ツールパネル]から[レーザー]ツールを選択します。③タイムラインインジケータの場所でクリックすると、動画クリップが分割されます。④[選択]ツールをクリックします。⑤分割された**左側の動画クリップ**を選択します。⑥ Delete を押します。⑦削除してできた空白をリップルと言います。リップルの上で右クリックして[リップル削除]を選択し、動画を先頭に詰めます。

3．画面切り替え効果を入れてみよう

1 映像のフェードイン

①[タイムライン]パネルで[選択]ツールをクリックし、タイムライン上の動画クリップ先頭部分にマウスを配置します。インポイントアイコン ⊞ が表示されます。タイムラインの先頭付近を左クリックするとクリップの左側に赤の鍵カッコが付きます。③さらに右クリックして[デフォルトのトランジションを適用]を選択します。

2 フェードイン時間の設定

フェードインの時間（デュレーション）は最初1秒に設定されていますので調整してみましょう。①[クロスディゾルブ]の上で右クリックし、「トランジションのデュレーションを設定」を開きます。②「00;00;01;00」と表示されますので、「00;00;02;00」に変更し[OK]を押します。時間が2秒になります。③[クロスディゾルブ]の右端でアウトポイントアイコン ⊞ を表示させ、マウスをドラッグして時間を調整することもできます。

3 映像のフェードアウト

①[アウトへ移動]を押して、タイムラインの最後に移動します。②パネルの下部にあるバーを左右に動かして、タイムラインの幅を適宜調整します。③終了付近を左クリックするとアウトポイントアイコン ⊞ が表示されます。さらに右端を右クリックして[デフォルトのトランジションを適用]を選択します。③[クロスディゾルブ]の左側をマウスで選択してドラッグすることで、トランジションの長さを調整しましょう。

4. 文字テロップを入れてみよう

1 文字の入力

①[タイムライン]パネルで文字を入れたい時刻に[タイムラインインジケーター]を移動させます。②[テキスト]ツールを選択します。③[プログラム]モニターの映像上でクリックします。文字を入力できる状態になります。「お遊戯会」と入力して Enter を押します。④[タイムライン]パネルの[選択]ツールをクリックします。⑤[プログラム]モニターの文字を選択します。マウスをドラッグさせて文字の位置を中央に移動させます。

2 トランジションの設定

①[タイムライン]パネルの[選択]ツールをクリックします。②タイムラインのV2にある「お遊戯会」をクリックします。③タイムラインの「お遊戯会」の左端を左クリックし、さらに右クリックして[デフォルトのトランジションを適用]を選択します。文字にフェードインが適用されます。④同様にして、文字表示の終了時にもフェードアウトを設定してみましょう。

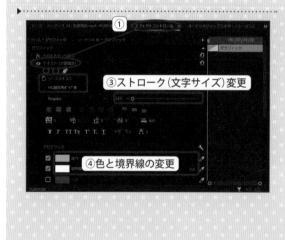

3 文字の装飾

①左上に表示される[エフェクトコントロール]パネルを選択し、[テキスト(お遊戯会)]を開きます。②[ソーステキスト]で文字フォントを変更します。ここでは[HGS創英角ポップ体]を選択してみましょう。③[ストローク]を左右に移動させて文字の大きさを適宜変更します。④[塗り]をクリックして、色を適宜変更します。[境界線]にチェックを入れて[色]は「白」とし、境界線の幅を5.0程度に変更します。

5．音量の調整と映像の書き出しをしよう

1　音量レベルを調整しよう

①左上の画面で[オーディオクリップミキサー]パネルを開きます。②再生ボタン▶で動画を再生すると、A1の音のレベルが表示されます。③左側のバーを上下に動かして最大レベルを調整します。A1の音量全体の調整ができます。

2　映像を書き出す範囲を設定しよう

①[タイムライン]パネルで[タイムラインインジケーター]を動画の始点（0秒）の位置に合わせます。②[メニュー]バーの[マーカー]を開き、[インをマーク]を選択します。[タイムライン]パネルで[タイムラインインジケーター]を動画の終点の位置に合わせます。④[マーカー]から[アウトをマーク]を選択します。

3　映像を書き出してみよう

①[タイムライン]パネルを選択し、[ファイル]タブの[書き出し]から[メディア]を開きます。②[書き出し設定]画面で、[形式]を[H.264]に、プリセットは[ソースの一致－高速ビットレート]を選びます。③出力名をクリックします。④保存する場所を選び、ファイル名を入力します。⑤[保存]をクリックします。⑥[書き出し設定]画面に戻り、[書き出し]をクリックします。動画のエンコードが開始され、しばらくすると保存が完了します。

動画編集ソフトを用いた動画製作とSNSへのアップロード

YouTubeへの動画アップロード

◆パソコンで編集した動画をSNSにアップロードしてみましょう。ここではYouTube紹介します。動画情報の共有により保護者等への情報提供を促進させることができますが、適切な公開設定を行う必要がある点についても注意しましょう。

3つのポイント

★YouTubeに動画をアップロードするためのGoogleアカウントを作成しよう
★パソコンで編集した動画をYouTubeにアップロードしよう
★動画に適切な公開設定を行って情報共有しよう

お手本

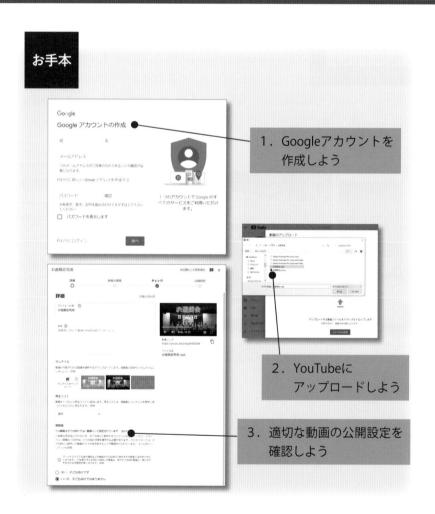

1. Googleアカウントを作成しよう

2. YouTubeにアップロードしよう

3. 適切な動画の公開設定を確認しよう

1. Googleアカウントを作成しよう

1 Googleアカウントの作成

①Googleアカウントの作成サイトに入ります（「Googleアカウントの作成」で検索）。②姓、名をそれぞれ漢字で入力します。③ユーザー名とパスワードを指示に従って入力します。④[次へ]をクリックします。⑤生年月日、性別等を入力します。⑥次の画面でプライバシーポリシーと利用規約に合意するとGoogleアカウントが作成されます。

2 チャンネルを作成しよう

①YouTubeのトップページを表示させます。②[作成]を開いて[動画をアップロード]をクリックします。③初回だけ[チャンネルを作成]します。④「動画のアップロード」画面が表示されたら、右上の[×]を押して一旦閉じます。⑤YouTubeの「Studio」アプリが起動します。

Column　Googleアカウントとは？

　YouTubeを利用するには専用のGoogleアカウントを取得する必要があります。Googleアカウントを作成すると、専用の電子メールアドレスが使えるようになります。@（アットマーク）の右側の部分はドメイン名と呼ばれ、googleアカウントでは「gmail.com」となります。左側の部分はユーザー名と呼ばれ、自分で指定することができます。ただし、アルファベット、数字、ピリオドのみを使用することや、既に登録済のユーザー名を指定することはできません。また、パスワードにも半角英数、数字、希望を組み合わせて8文字以上とすることなど、決まりがあります。ユーザー名とパスワードを登録したら、忘れないように各自で管理しましょう。

２．YouTubeにアップロードしよう

1 　動画のアップロード

①[チャンネルのコンテンツ]または[チャンネルのダッシュボード]から[動画をアップロード]をクリックします。②[ファイルを選択]をクリックします。③アップロードしたいファイルを選択し、[開く]をクリックします。④動画ファイルのアップロードが始まります。アップロードにはしばらく時間がかかることがあります。⑤アップロードが終わったら[次へ]をクリックします。

2 　動画の基本設定

①詳細画面が開きます。[タイトル]に正しいタイトルを入力します（必須）。②動画の説明を入力します（後でも可）。③サムネイル画像を選びます（後でも可）。④再生リストを適宜選択します（後でも可）。⑤子ども向けの内容であるかどうかを選択します（必須）。⑥[次へ]をクリックします。

3 　動画要素の追加

①[終了画面の追加]では他の動画や再生リスト等を配置できます。②[カードの追加]では動画再生中にカードの情報を表示できます。③特に指定しない場合には[次へ]をクリックします。④さらに次の画面で著作権に関するチェックが表示されますので確認し、[次へ]をクリックします。

3．動画の公開設定をしよう

1 公開設定

公開設定では以下の①〜③のいずれかを選択します。①[非公開]はアップロードはしますが公開はされません。また特定のユーザーに限り動画を共有できます。②[限定公開]はURLを知っている方のみが動画を視聴できます。③[公開]はアップロード後すぐに公開されます。④いずれかを選択後[保存]をクリックします（後で変更可能です）。

2 公開された動画の確認

[動画の公開日時]が表示された場合には、①動画リンクのURLをクリックします。②動画が再生されることを確認してください。[限定公開]の場合にはこのURLを相手に知らせることで動画を共有することができます。②[閉じる]を押します。

3 動画情報の修正

①YouTubeの「Studio」アプリ画面に戻ります。[ダッシュボード]を開くと、アップロードした動画の履歴を確認することができます。②[コンテンツ]を開くとアップロードした動画の一覧が表示されます。③動画情報を修正したい場合には、サムネイル画像をクリックします。動画の詳細画面が開き、再び動画の基本設定からやり直すことができます。

これからの保育のための
ICTリテラシー＆メディア入門
Word・Excel・PowerPoint・動画編集

2022 年 4 月 15 日　初版第 1 刷発行
2024 年 3 月 1 日　初版第 2 刷発行

編　　集	渡邉　裕
発 行 者	竹鼻　均之
発 行 所	株式会社みらい

〒500-8137　岐阜市東興町40　第 5 澤田ビル
TEL　058 - 247 - 1227 ㈹
FAX　058 - 247 - 1218
https://www.mirai-inc.jp/

印刷・製本	サンメッセ株式会社

ISBN978-4-86015-578-0 C3037
Printed in Japan　　　　　　　　　　　乱丁本・落丁本はお取り替え致します。